De l'OR
de la BOUE
du SANG

IL A ÉTÉ TIRÉ DE CET OUVRAGE :

15 exemplaires sur papier de Chine, au prix de 25 fr.
15   —   du Japon   —   25 fr.
10   —   de Hollande —   15 fr.

Tous numérotés et parafés par l'éditeur.

EN VENTE A LA MÊME LIBRAIRIE

OUVRAGES DU MÊME AUTEUR

LA FRANCE JUIVE
133ᵉ édition.
2 volumes in-18. . . . . 7 fr.

LA FRANCE JUIVE DEVANT L'OPINION
33ᵉ mille.
1 volume in-18. . . . 3 fr. 50.

(Il reste quelques exemplaires sur Japon, à 15 fr. l'exemplaire).

MON VIEUX PARIS
Ouvrage couronné par l'Académie française.

1 volume in-18, illustré de 100 dessins de Gaston Coindre.

Prix : 3 fr. 50.

(Il reste quelques exemplaires numérotés, sur papier du Japon, au prix de 25 fr.)

LE DERNIER DES TRÉMOLIN
1 volume in-16, de la collection des *Auteurs célèbres*.

Prix : 60 centimes.

IMPRIMERIE E. FLAMMARION, 26, RUE RACINE, PARIS.

ÉDOUARD DRUMONT

De l'OR
de la BOUE
du SANG

DU PANAMA A L'ANARCHIE

CENT DESSINS DE GASTON COINDRE
FRONTISPICE DE M. LÉOPOLD STEVENS

PARIS
ERNEST FLAMMARION, ÉDITEUR
26, RUE RACINE, PRÈS L'ODÉON

Tous droits réservés.

A SÉVERINE

Ma chère Séverine,

Je vous dédie ce livre pour une raison qui me paraît excellente, c'est qu'il ne pourrait être dédié qu'à vous. C'est notre livre, un livre fait pour nos amis et pour nous. Ce n'est point un livre pour les Mufles, pour les Béotiens, pour les obtus et pour les féroces; ce n'est pas un livre non plus pour les prétendus raffinés, les faux dilettantes, les esthètes : c'est un livre humain. L'auteur y note simplement les sensations qu'il a éprouvées à travers un temps troublé et les pensées qu'il a eues devant des événements tour à tour tragiques et bizarres, funambulesques et navrants.

Il y a deux années d'histoire tout de même dans ce livre concis comme un volume de Thucydide, et peut-être la Postérité trouvera-t-elle que c'est beaucoup pour si peu de chose.

Peut-être, en relisant ces pages, aurez-vous la même sensation et serez-vous frappée à la fois de l'étrangeté, du pathétique, de l'imprévu de tous ces spectacles et du néant de toutes ces agitations, de l'absence de dénouement de toutes ces pièces, qui commencent et ne finissent jamais.

C'est de la vie présente que l'on peut dire avec Shakespeare : « c'est un drame incompréhensible joué par des comédiens qui semblent ivres ». Considérez, en effet, ce qu'il y a là-dedans :

Le Panama; un Parlement français vendu à un Juif allemand, von Reinach, maître absolu, avec Herz, de ce pays qui, en 1871, poussait des cris d'horreur au souvenir de l'Année terrible...

Soudain, les colères populaires semblent s'incarner dans des êtres qu'on dirait avoir fait un pacte avec les Puissances infernales pour détruire cette société fondée sur l'injustice et le vol...

Puis, l'Imperator bourgeois, le Casimir d'Anzin, passe à travers cette ville qui frémissait jadis au moindre choc, dont chaque pavé a été rougi de sang pendant les journées épiques d'autrefois... On déclare qu'il a dompté l'hydre, il est plein de gloire... et le voilà qui s'écroule, et qu'un négociant du Havre apparaît avec des guêtres... Quant à Bourgeois qui, comme ministre de la Justice, avait été en 1892 le protecteur le plus zélé de Panamistes, il s'empresse, en 1895, de faire arrêter Arton, que tout le monde faisait semblant de chercher alors qu'on savait parfaitement où il était.. Qu'en fera-t-on? C'est le secret de l'année 1896 qui commence.

Tous ces personnages ont je ne sais quoi d'incohérent, d'éphémère et de météorique : ils arrivent, ils ébauchent un geste, ils balbutient quelques paroles, et, soudain, ils s'en vont sans qu'on sache pourquoi ils sont venus. Ils font l'effet d'acteurs qui se sont trompés dans leur entrée ou qui, par inadvertance, se seraient mêlés à une pièce dont ils n'étaient pas, et qui brusquement, diraient bonsoir à la compagnie et rentreraient dans la coulisse.

C'est l'histoire de ce pauvre Boulanger, dont nous avons été visiter la tombe ensemble, vous en souvient-il, ma chère Séverine? Il a surgi, lui aussi, avec des allures de César, et brusquement, il s'est évanoui sans qu'on ait jamais su pourquoi.

L'effort des meilleurs ne va pas au delà de la velléité et s'arrête au point où commence la volonté. Aucun n'a en lui un moteur assez puissant pour le maintenir quelque temps en énergie, une cause déterminante d'action. Tous, au bout d'un certain délai, semblent éprouver le besoin de se rire au nez, de se railler eux-mêmes d'avoir cru en quelque espérance et poursuivi quelque idéal au milieu de l'indifférence de tous.

Ce que nous voyons n'est point seulement la fin d'un Monde, il serait plus juste de dire que c'est la fin d'un Temps.

C'est une phase qui se clôt, une liquidation universelle et comme une explication générale. Comme l'Archimime qui marchait à Rome derrière le convoi des Romains illustres en parodiant les allures et en imitant jusqu'aux tics des défunts, les acteurs dont je vous parlais tout à l'heure semblent défiler devant nos regards pour nous bien montrer ce qu'ont été certaines figures du Passé, autour desquelles la passion politique a créé une sorte de légende.

Les Anglais ont un mot pour cela : ils appellent des Posthumes, ces fantômes d'êtres qui ont laissé leur empreinte dans l'atmosphère et qui flottent encore comme un décalque fluidique et gazéiforme de formes qui furent réelles autrefois.

A mon avis, ce qui dans ce livre fera le plus de bien aux intelligences attentives, c'est le rapprochement établi entre les Anarchistes d'aujourd'hui et les Terroristes de jadis. Tous ces violents, injuriés maintenant par le Bourgeois jacobin qui est nanti désormais, ont été glorifiés jadis par le Bourgeois jacobin désireux de se nantir.

Ravachol s'est appelé Fouché et il a été duc et grand-croix de la Légion d'honneur.

Vous rappelez-vous tout ce qu'on a dit sur Caserio, sur ce mitron de malheur qui nous a mis dans le pétrin en permettant à l'affreux Dupuy de faire voter « la loi scélérate ». Il avait commis un forfait inexpiable. Ceux qui le disaient le plus haut, après les évêques, qui comparaient à « un Christ temporel », ce bon Carnot, qui n'avait jamais voulu mettre les pieds dans une église, même pour y regarder les tableaux », étaient ceux qui, dans leur jeunesse, célébraient comme des héros de l'humanité les Alibaud, les Agésilas Milano et les Orsini.

Il avait encore un autre nom, celui-là; il s'était appelé Junius Brutus. Son buste ornait la tribune de notre immortelle Convention au temps où les Républicains qui lèchent maintenant les bottes de Guillaume et qui font des mamours aux mauvais évêques, voulaient « étrangler le dernier des rois avec le boyau du dernier des prêtres ».

Beaucoup de nos conservateurs, paisiblement installés dans les Biens nationaux volés par leurs ascendants, ont eu pour grands-pères des gens qui avaient remplacé leur nom de baptême par le nom de Brutus ou de Scævola, les tueurs de rois.

Ce sont généralement les bénéficiaires de l'Anarchie de 93, qui sont les plus implacables contre les Anarchistes d'aujourd'hui.

Ce sont ceux-là, du reste, qui crient volontiers que Drumont est un Anarchiste.

Au premier moment, les braves gens croient ce qu'affirment imperturbablement ces descendants d'assassins devenus philo-gendarmes; puis ils relisent ce que j'ai écrit et le considèrent sur toutes les faces, et ils finissent par convenir que c'est moi qui ai raison.

Les yeux de tous les Français s'ouvrent peu à peu; ils voient à quoi a abouti la Révolution; ils aperçoivent des Juifs vomis par tous les ghettos, installés maintenant en maîtres dans les châteaux historiques qui évoquent les plus glorieux souvenirs de la vieille France; ils trouvent des Rothschilds partout : à Ferrières et aux Vaux-de-Cernay, dans l'abbaye fondée par Blanche de Castille; ils trouvent Hirsch, à Marly, à la place de Louis XIV; Éphrussi, à Fontainebleau, à la place de François Ier; le Dreyfus des guanos, à Pont-Chartrain. En cheminant le long de nos avenues, ils constatent que les plus magnifiques hôtels sont occupés par des Juifs, et que chacune de ces demeures raconte un vol, une escroquerie, un pouff, un krach, une banqueroute, un coup de Bourse, des désespoirs et des suicides.

De ce petit livre libérateur et affranchisseur d'intelligences doit sortir, si je ne me trompe, un sentiment de dégoût pour toutes les impostures, les mensonges, les comédies, les palinodies, les « blagues » odieuses sur lesquelles vit la société bourgeoise depuis cent ans.

À ce point de vue, ce livre de vérité serait aussi un livre de tristesse et d'ironie, et à ce titre, il ne saurait vous plaire à vous, ma chère Séverine, qui êtes une vaillante entre les vaillantes et qui espérez contre toute espérance.

Vous retrouverez là, cependant, des choses qui nous sont communes : l'amour profond et sincère de tous ces humbles, de tous ces pauvres qui peinent, qui travaillent pour enrichir une poignée de flibustiers cosmopolites. C'est pour moi une joie d'ordre tout à fait supérieur de me dire que je n'aurai jamais pu être député comme Reinach, gendre et neveu d'un escroc, et d'un espion allemand, et que j'aurais été certainement un de ceux qui, avec Veuillot, aurons aimé le plus profondément le Peuple, qui aurai eu l'âme vraiment peuple.

Vous retrouverez là aussi notre Paris, ce Paris mystérieux et captivant, qui parle seulement à ceux qui sont organisés pour le comprendre, et qui n'a rien de commun avec le Tout Paris des rastaquouères. Évoqué par le merveilleux crayon de Coindre, qui est encore un homme selon notre cœur et notre esprit, ce Paris sert comme de toile de fond à ce petit livre dont le premier feuillet a été écrit dans l'hospitalière maison de la rue de la Clef, et le dernier en descendant du train de Bruxelles, — à ce livre que j'avais envie d'intituler : Du boulevard Montmartre à la gare du Nord, en passant par Sainte-Pélagie et la Belgique.

Telles qu'elles sont, je vous dédie ces pages en souvenir de ce que nous aimons. Après tout, elles ne sont peut-être pas aussi pessimistes et aussi mélancoliques que cela, et on voit poindre une lueur d'aurore à travers les ténèbres épaisses, au milieu desquelles ce monde se débat dans la confusion et l'incohérence, en attendant les convulsions et les délires.

Je me souviens de l'impression que m'a laissée le départ des Prussiens entrés à Paris en 1871.

Il était — le détail le plus insignifiant reste gravé dans la pensée à de pareils spectacles — il était neuf heures trente-cinq au cadran de la station des voitures, près de l'avenue Montaigne, que j'habitais alors. A perte de vue, à partir du rond-point des Champs-Élysées, la cavalerie allemande remontait, occupant de front toute l'avenue, emplissant l'air de fanfares.

A droite et à gauche une compagnie de soldats français suivait, reprenant pied à pied possession. Derrière eux des groupes d'employés, d'ouvriers, calmes, tristes, silencieux, pressaient la marche des chevaux poméraniens d'un regard tout chargé de l'impatience du désir, heureux de gagner un pas, d'allonger d'une semelle cette avenue, qu. n'était plus la promenade du Paris élégant, mais qui, depuis que l'ennemi l'avait touché, personnifiait le sol sacré, le territoire, la Patrie, non plus vue à l'état d'abstraction, mais rendue tangible et matérielle.

Aux barricades, j'allais dire aux frontières, la foule des rues latérales semblait vouloir sentir dans l'air s'ils étaient là encore, écouter dans quelle direction sonnait leur musique et dans quelle proportion le bruit des pas de leurs chevaux décroissait... Ils partent, ils sont partis, ils sont maintenant au haut des Champs-Élysées... Pas de tumulte, pas de manifestation, un murmure de satisfaction seulement sortait des poitrines, et à mesure que la bonne nouvelle faisait du chemin et pénétrait plus avant dans Paris, les portes des magasins s'ouvraient et la ville redevenait elle-même...

On dirait qu'il se passe, je ne sais quoi d'analogue. La Juiverie installée en souveraine chez nous semble prête à recommencer son éternel voyage, et à s'en aller dans la direction que suivent les cigognes quand vient l'hiver. Elle ne se mettra pas en route au milieu des fanfares, mais au milieu des imprécations et des huées, des cris : « à la chienlit ! au voleur ! »

Les Français reprennent peu à peu possession d'eux-mêmes, en attendant qu'ils reprennent possession de tout ce qui leur a été enlevé ; ils s'aperçoivent que depuis cent ans ils ont été bernés, bafoués, roulés par les Juifs de tout poil et de toute tribu ; ils ont bien envie de rentrer chez eux et de mettre dehors les parasites et les intrus.

C'est à cette œuvre de délivrance que je me suis voué et j'ai comme un pressentiment que j'assisterai de mon vivant au triomphe de mes idées. L'heure de la définitive victoire n'est peut-être pas aussi éloignée qu'on le suppose.

En tous cas, vous me connaissez, ma chère Séverine ; vous savez que la question personnelle m'est absolument indifférente. J'ai mis mon espoir en Celui qui ne trompe jamais, en Celui « qui ne deçoit mie », comme dit une inscription que j'ai lue dans une vieille église.

Vous avez écrit de trop belles pages sur le Christ, le grand frère et le bon ami des Pauvres pour qu'il ne vous attire pas à lui, vous aussi, par l'irrésistible puissance de sa croix : dulce lignum dulcia ferens pondera — pour qu'il ne vous donne pas, à vous aussi, cette céleste paix, qui, dit saint Paul : « surpasse toute félicité ».

Cette foi en un Dieu de miséricorde n'empêche pas de taper sur les coquins et à l'occasion de rire un brin des imbéciles et des Homais. Mais cela vous est un baume précieux pour l'âme et vous calme instantanément, lorsque l'on serait *tenté d'accorder, plus d'importance qu'il ne convient, aux menus épisodes de cette vie fugitive et passagère.....*

6 janvier 1896.

E. D.

LE PANAMA

vu

DE SAINTE-PÉLAGIE

LE PARIS TRANQUILLE

Fin octobre 1892.

Tout mouillé qu'il était par la pluie, il était vraiment exquis le Paris d'automne de ces derniers jours. Vers six heures, on voyait, du côté du Trocadéro, un ciel orangé à nuances bizarres; aux arbres des Champs-Élysées, les feuilles rousses, se mélangeant aux platanes brillants et lustrés par les ondées, offraient des contrastes curieux de tons.

Je regardais tout cela avec amour en me rendant au journal; et, place Vendôme, en passant devant la Chancellerie, j'avais toujours une bonne pensée pour Ricard.

Il a été très bien ce Ricard : il m'a prolongé tant

qu'il a pu. Il était clair que je ne devais pas me plaindre : en effet, n'ayant pas enlevé comme les flibustiers de Panama quinze cents millions à de braves gens qui avaient travaillé toute leur vie pour économiser quelques sous, je ne pouvais prétendre à une impunité absolue.

Ricard aurait-il ainsi agi de lui-même? J'aime à le croire; en tout cas, il a été invité à ceci par mon pauvre ami Douville-Maillefeu, qui passait sa vie à pester contre la Presse, et qu'on trouvait toujours solide au poste quand il s'agissait de défendre nos libertés et nos droits.

. . . .
. . . .

Les beaux hôtels grandioses de la place Vendôme ne sont pas le domicile où les fourriers de la Justice ont fait mon lit. Déjà je songe à la vieille maison là-bas où un de ces soirs, tout de même, j'irai coucher.

Mon impression, je vous la donne comme je l'éprouve; la prison évidemment va me procurer des sensations nouvelles..... Mais la première nuit, entre onze heures et une heure du matin, il me manquera quelque chose : il me manquera les *Dernières Dépêches*.

. . . .

Il faut pourtant se décider à entrer; et, puisque

après un verdict d'ailleurs extorqué, la Société a résolu de me retrancher de son sein pendant 3 mois, je dois me résigner à renoncer à ce sein

Allons donc reconnaître l'immeuble, allons-y! Cela me promènera. Je n'y suis pas entré du premier coup cependant. Vous me croirez si vous voulez, mais ce jour-là, je n'ai fait que considérer l'établissement du dehors.

Le Passage des Postes.

Ce ne fut pas lâcheté précisément, ni instinctif recul comme à la porte du dentiste. Ce fut le quartier qui m'absorba. Repris par ma passion de vieux Parisien, je flânais délicieusement.

Débarrassé de ma voiture, j'étais comme en vacances et tout à la joie d'aller à pied ; un cocher de journaliste est un chef de train-express : toujours tout droit. Ma fantaisie m'avait entraîné je ne sais où ; vers le Panthéon, le chemin des écoliers, c'est le cas de le dire. Sans autre souci, je me répétais pour la millième fois. Comme c'est joli Paris ! Là-haut pourtant les rues sont mornes, et il n'y a guère d'autre jouissance que de scruter le langage des pierres, en cherchant à ressusciter les sentiments, les idées de ceux qui vivent là, comme dit Montaigne, « d'une vie glissante et muette ».

Au sommet de la butte Sainte-Geneviève, les maisons, si haut juchées déjà qu'elles ne sauraient lever le pied au delà, se sont encore exhaussées, voyez l'ambition, de logettes en belvédère qui intriguent ma curiosité. Ce ne sont pas les belvédères d'épiciers champêtres, à verres de couleur, pagodes ou tourelles ; mais plutôt chambrettes bien simples qui furent d'aériennes chartreuses, cabinets de travail ou de rêverie, aujourd'hui sans doute capharnaüms ou séchoirs domestiques.

Je traverse la *Vieille-Estrapade*, pour disparaître,

comme par une fente de tirelire, dans la petite rue *des Postes*. Je me trompe, c'est rue *Lhomond* qu'il faut dire.

Le changement de nom, cette fois, est heureux, car le nom de rue *des Postes* ne signifiait pas grand'-chose et le vieux Lhomond est un familier de nos jeunes études. L'ancien vocable toutefois n'a pas encore disparu, car, après avoir trottiné un bout de chemin sur un pavé pointu, je trouve à ma gauche l'écriteau du passage *des Postes*.

Quelle belle enseigne florituréé par un calligraphe du pinceau, et naïve en même temps, qui a la précaution de nous indiquer que le passage *des Postes* conduit à celui *des Patriarches* !

J'ai l'intuition que mon chemin est de descendre là. L'aspect n'est pas engageant : à l'entrée, une forte grille, des barreaux déjà! Et des trous sombres comme des tunnels qui se succèdent à distance.....

Un détail me rassure : à droite, sous un auvent cintré, une Vierge qui n'est pas de première jeunesse ni d'enluminure récente. Qu'en dites-vous de mon vieux Paris. A-t-il d'assez précieuses surprises pour ses fervents? Autour de la petite chapelle, le mur est tout nu, gris, lépreux, frangé de maigres verdures; à gauche, les boutiques s'échelonnent, débits de vins ou commerces de chiffons, des balcons défleuris, les becs de gaz municipaux en enfilade; et, barrant le fond, une vieille maison basse et rustique sous laquelle on s'enfonce dans le noir.

Et puis la rue *Mouffetard*.

J'ai le vague souvenir de rues pittoresques entrevues jadis, dont les noms me hantent : *L'Épée-de-Bois*, le *Pot-de-Fer*, les rues *Copeau*, *Triperet*, *Gracieuse*, du *Puits-de-l'Ermite*; celle-ci, j'ai le temps de la connaître; un détour, de grâce.

Voici un beau profil de rue, hardiment taillade, échancré de toits bas et de façades élancées : c'est la rue *Saint-Médard*, autrefois, ce me semble, rue *Neuve-Saint-Médard*. Un bazar de poteries à bon marché, sous un coin de hangar, la modernise à peine.

Le caractère de ces vieilles voies, c'est un véritable chapelet de grosses bornes taillées en plein grès qui, par leur saillie, protègent le ras des murs; car la largeur y est singulièrement restreinte. Voyez-vous nos bourgeois du jour s'y installer? Ils ne se doutent pas que ce nom de *Gracieuse*, une ironie pour eux, est celui d'une très noble famille; et que les plus beaux noms d'autrefois, des noms de grands seigneurs, de magistrats, d'artistes illustrèrent ces logis. Dans la rue *du Puits-de-l'Ermite* habitaient Coysevox, Coustou, Bourdon; dans la rue *des Postes*, Mézerai, Oudry le fameux peintre de chasses, qui avait son atelier dans la cour des Princes, aux Tuileries.

Rue *Daubenton* : ce vocable savant ne me dit rien du tout; ne serait-ce pas cette gentille rue *d'Orléans-Saint-Marcel* qui, étroite et sombre sous les murs de Saint-Médard, s'en allait vers la Seine, si doucement champêtre qu'un prince du sang y avait un jardin « tout rempli de lavande, romarin, pois, fèves, choux, poirées pour les lapins et chènevis

pour les oiseaux, où les treilles et cerisiers se mêlaient aux saussaies »?

Le marché des Patriarches a dégagé la rue *d'Orléans* au long de Saint-Médard, et tout le mystère a disparu de la physionomie qu'elle avait au dix-huitième siècle, quand s'y pressaient curieux et fanatiques aux petites portes basses du cloître, où faisait merveille le tombeau du diacre Pâris. Aujourd'hui c'est autre chose : un antique presbytère de province à l'ombre du clocher, sous les arbres de son jardin.

Le presbytère de Saint-Médard.

A l'autre bout de la rue, sensation inverse : les derrières de *la Pitié*, dépendances sinistres d'hôpital, ont envahi la chaussée herbeuse, et rétréci le jour, raréfié l'air aux hôtels d'en face. J'en vois un charmant encore avec son arbre, un vernis du Japon, gigantesque, qui s'ébrèche tous les jours. Un bijou, ce tout petit pavillon qui fait le coin de la rue *du Gril*, décoré aux tympans des fenêtres de trois bas-reliefs délicats du dernier siècle; le portail aussi est d'un Louis XVI sobre dans son élégance. L'étage est unique et le toit sans mansardes; cadre lilliputien de quelque mignonne aventure.

— Il n'y a donc plus de rue *Copeau*?..... « Vous n'étiez pourtant pas bien vieux, monsieur, quand on l'a débaptisée », riposte en me dévisageant le savetier que j'interroge, « depuis 1853, c'est la rue *Lacépède*. » En effet, il n'y a pas grandes chances que j'aie jamais lu l'ancien écriteau à cette place; et pourquoi, par quel caprice de mémoire l'y chercher? Mieux vaudrait assurément ne pas toucher au nom des rues. C'est l'avis de mon savetier, et je le partage, vous le supposez bien.

.....J'y pense : la rue *Copeau*, deux fois Jean Valjean la traverse dans sa fuite avec Cosette, du boulevard de l'Hô-

Rue Daubenton
(autrefois d'Orléans-Saint-Marcel).

pital à Picpus; je savais bien que je la connaissais. Sur la foi du poète? me direz-vous. Oui, certes. Le roman moderne est aux documentations précises : trop longtemps on s'était imaginé que ces rues vous étaient indifférentes, que ces maisons ne vous étaient de rien, que ces toits, ces portes, ces fenêtres, les arbres même n'avaient pas une identité.

Rue Lacépède (Copeau).

Peu à peu on s'est aperçu que l'humanité y avait laissé de ses entrailles, de son sang, et qu'une image intime y surgissait du drame vécu. D'un trait Victor Hugo éternise la rue *Copeau* : l'appelez-vous Lacépède, c'est Daudet qui nous y mène, à la recherche des bureaux de nourrices. Vers la place Contrescarpe, où la rue s'étrangle contre la rue *Mouffetard*, ils sont fréquents, alternés avec les mastroquets, les grands porches d'antiques logis, aux pompeuses enseignes d'INSTITUTIONS, quand il n'y a pas ce simple mot en lettres roses : NOURRICES.

Notre second dessin est en retard de quelques années : au coin de la rue *Monge*, grande artère dépaysée, s'élève une maison de rapport, affreusement magnifique, à la place des deux pavillons symétriques de la poterie Goblet. L'industrie avait survécu jusqu'à la fin sous un autre nom de potier ; mais on n'y lisait plus :

De Goblet fils c'est ici la fabrique ;
Venez choisir des cruches et des brocs,
Des pots à fleurs, des tuyaux, de la brique.
A tout venant le cœur vend des carreaux.

Rue Lacépède (Copeau).

Les Italiens ont adopté le quartier : c'est comme le *Ghetto* des joueurs de harpe, violonistes, modèles. Tous les matins, au bord du trottoir, les vieilles femmes, Antiopes ou Madeleines réformées, lavent leur linge dans le ruisseau, tandis que les jeunes Apollons et les Saint-Jérôme montent à la place Pigalle au rendez-vous des peintres.

Sur l'alignement de l'ancienne poterie se profilent la façade de l'Hôpital et l'austère pignon de sa chapelle, daté de 1612.

En 1839, avait disparu la *tour d'Alexandre* que remplace la fontaine Cuvier. Là finissait l'abbaye de Saint-Victor,

La tour d'Alexandre.

dont cette tour marquait la limite. Pendant tout le XVIIIᵉ siècle, on y enferma, par voie de correction paternelle, les jeunes gens de famille; aujourd'hui, si elle avait survécu, on verrait à sa porte plus d'un équipage correct et même la bicyclette envahissante.

Ne ferais-je pas mieux de me décider à entrer,

moi aussi, dans ma tour d'Alexandre qui est à deux pas d'ici? La promenade est si bonne : ce ne sera pas encore pour aujourd'hui.

Eh! voyez donc à gauche cette grande terrasse, ajourée de balustrades, majestueuse, couronnée de nobles arbres.

Fontaine de Clamart
(carrefour Poliveau).

C'est du Versailles, cela! Parbleu, le *Jardin du Roy*. La rue *Geoffroy-Saint-Hilaire* va nous mener à un carrefour que je voudrais bien retrouver intact. Déjà j'y suis, et je le cherche : on a donc coupé les arbres de la Liberté? Deux peupliers d'Italie qui étaient le panache de la populaire *Fontaine de Clamart*. Son piédestal a vu, depuis près d'un siècle, défiler tous les bustes de souverains;

à l'heure actuelle, la Marianne aux seins puissants, mamelles qui n'ont jamais nourri que des fonctionnaires : si c'était pour les découvrir qu'on a rasé le feuillage, ce n'était pas la peine, la fontaine toute nue, n'est pas belle! L'endroit était si charmant; un *forum* en miniature où l'on discutait ferme et chaud, autour des vieux cabarets, au frémissement des feuilles, au pépie-

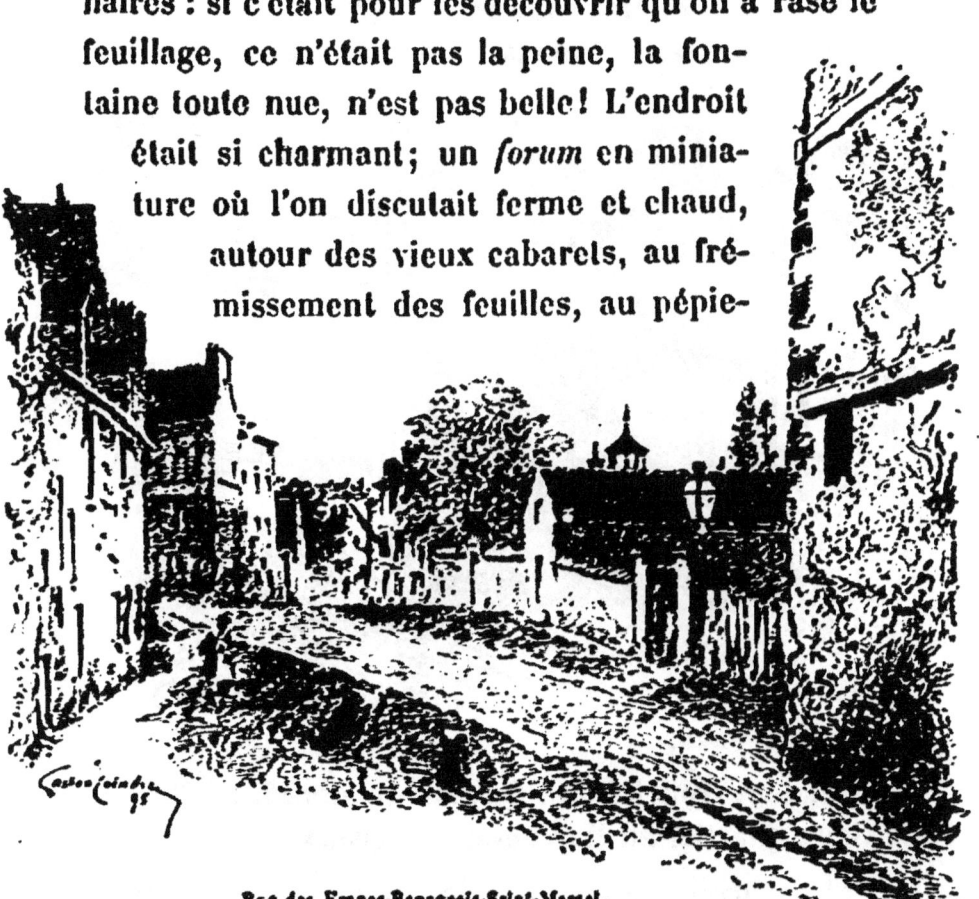

Rue des Francs-Bourgeois-Saint-Marcel.

ment des moineaux moins bavards que les politiques du quartier.

« Il y a quarante ans, le promeneur solitaire qui s'aventurait dans les pays perdus de la Salpêtrière et qui montait par le boulevard jusque vers la barrière d'Italie, arrivait à des endroits où l'on eût pu dire que Paris disparaissait. Ce n'était plus la solitude, il y avait des passants; ce n'était pas la campagne, il y avait des maisons et des rues; ce n'était plus une ville, les rues avaient des ornières comme les grandes routes, et l'herbe y poussait; ce n'était pas un village, les mai-

Rue de la Reine-Blanche.

sons étaient trop hautes. Qu'était-ce donc?..... C'était le vieux quartier du Marché-aux-Chevaux. »

J'avais prolongé ma flânerie voulant revoir la rue *des Francs-Bourgeois-Saint-Marcel*, hélas disparue; mais le dessinateur ne semble-t-il pas avoir photographié la description de Victor Hugo? Le document, d'une exactitude précieuse, donne au texte un témoignage étonnant de sincérité.

Quel joli nom! la rue *de la Reine-Blanche*, l'écriteau survit : toutefois ne serait-il pas plus sage de tourner bride pour ne point affronter une transformation banale qui nous désolerait? Le régal est moins trompeur de s'en tenir à l'image qui date d'une vingtaine d'années, qui est plus récente peut-être. A coup sûr, je l'ai vu le cabaret de *Beuzelin, Commerce de vin, Bouillon et Bœuf*, dans la petite maison trapue, barbouillée à mi-corps du rouge-guillotine spécial aux faubourgs; et la ruelle s'enfonçait descendante à travers les chantiers et les cours de ferme des nourrisseurs.

L'ancienne rue *du Marché-aux-Chevaux*, absorbée près du boulevard par la rue *Geoffroy-Saint-Hilaire*, a sa curiosité : un poste de police créé par M. de Sartines, le premier établi à Paris, le seul construit pour sa destination. Malgré les immenses plaques de marbre noir qui le défigurent, sous prétexte d'en raconter l'histoire en lettres d'or, ce petit monument conserve une rare élégance parmi les pauvretés du voisinage. Un fronton à l'écusson superbe, et, sur un rez-de-chaussée d'une simplicité robuste, trois fenêtres cintrées de la plus belle proportion; détails à relever, les emblèmes de la police, la grue qui ne se pose jamais que sur une patte et le coq vigilant!!!

Au retour, mon équipée commence à perdre de

son charme, je tombe dans la rue *de la Clef*. Je suis devant Sainte-Pélagie! Sainte-Pélagie! Pourquoi y songer sans cesse, puisque ce soir encore, c'est moi-même, de ma propre volonté, qui ferai tourner la clef de mon cher logis.

Rue *de la Clef*, il y avait naguère une geôle plus bénigne, une célèbre institution qui remontait à 1729, et dont les derniers élèves sont de jeunes contemporains. M. Céard a raconté quelque part ses excursions quotidiennes de la rue *de la Clef* au lycée Henri IV, *le chemin du collège*, comme on disait, sous la conduite des maîtres de l'institution Savouré; le romancier moderniste en avait conservé des impressions très originales.

Il y a dix ans, je n'avais jamais entendu parler de *l'Institution Savouré*, j'avoue mon ignorance; mais j'avais été frappé par la façade qui donne sur le jardin. La rue *Monge* venait de la mettre au jour en éventrant ses terrains, et la surprise en était délicieuse. Un grand catalpa dépassait le mur refait à neuf; derrière la grille on apercevait le toit coiffé de lucarnes vieillottes, une aile à angle droit, un seul étage de fenêtres hautes et larges; au rez-de-chaussée, les cuisines basses, le vestibule spacieux au vitrage baroque; sur la façade, des bustes de héros antiques qui se répètent sur un mur latéral treillagé d'élégants compartiments à la mode du siècle dernier.

La bonne mine du logis était un singulier attrait à la curiosité : j'avais *découvert* la pension Savouré comme La Fontaine découvrit Baruch, à cela près que tout le monde la connaissait, une vraie maison historique.

C'est en 1729 qu'elle fut fondée dans la rue *Copeau* (*Lacépède*), sous les auspices du grand éducateur Rollin, par J.-B. Savouré, dont la dynastie n'est pas éteinte; son fils l'installa en 1779 dans l'hôtel actuel qui avait appartenu à Pierre Danès, savant illustre et grand personnage du seizième siècle.

Le grand portail de la rue *de la Clef* avait été déjà remanié quand y entra J.-B.-Louis Savouré; car il ne remonte pas au delà du dix-septième siècle, à l'époque de Louis XIII, ainsi que les belles fenêtres à balustres.

La noblesse extérieure des choses n'est pas indifférente : les Savouré l'avaient si bien compris que, dans leur imposante demeure, ils conservèrent longtemps eux-mêmes la tradition de l'habit à la française, manchettes et jabot de dentelles, et donnèrent toujours à leurs élèves l'exemple d'une tenue parfaite.

On ne reconstitue pas aisément, sous l'impression des mœurs actuelles, la physionomie d'une telle institution, où la religion dominait tous les enseignements, religion sincère et intime, avec une élévation morale qui forma d'illustres élèves. Ce n'est pas assurément à une pareille discipline que nous devons les bandits du Panama; les *boîtes*, comme on appelle aujourd'hui au quartier des

L'institution Savouré.

Écoles, les institutions modernes, nous donnent bien l'idée de cette génération nouvelle de *potaches* sans lettres et sans convictions.

Sur le chapitre des mœurs on ne badinait pas dans la pension Savouré.

En 1796, le général Bonaparte partait pour l'armée d'Italie : il voulut, pendant son absence, assurer l'éducation de son frère Jérôme, âgé de douze ans, et le confia à M. Savouré, fort étonné de cette faveur. Le correspondant du jeune homme était Barras; il l'abandonnait à ses aides de camp qui n'étaient pas précisément des auxiliaires pour l'instituteur. Après des sorties prolongées en si bonne compagnie, la santé de l'élève déclina rapidement. M. Savouré n'hésita pas à écrire une lettre sage et ferme au tout-puissant Barras, qui se contenta de retirer Jérôme; et, à son retour, le général en chef de l'armée d'Italie retrouva son frère dans une pension de Saint-Germain-en-Laye (1).

Une autre anecdote qui fait honneur à l'ingénieuse prudence de Mme Savouré elle-même. En 1793, l'institution avait un terrible voisin, Henriot, qui la déclara suspecte. Voyez le prétexte : les bustes de la façade, les statues qui ornent encore le grand escalier, c'étaient des *bons dieux*. Il n'en fallait plus; peut-être aussi savait-on que la messe se célébrait tous les dimanches dans le réfectoire. L'affaire pourtant s'arrangea, grâce à la promesse d'un repas civique : la table des élèves serait dressée en pleine rue. Civisme et probité n'étant pas toujours synonymes, l'argenterie allait courir de terribles risques; la bonne ménagère imagina un

(1) Jérôme Bonaparte fonda plus tard une bourse dans l'établissement de la rue de la Clef.

menu qui supprimerait cuillers et fourchettes : du fromage, des artichauts, que sais-je? Et l'argenterie fut sauve.

La maison de la rue *de la Clef*, charmante en sa vétusté, valait bien cette digression. N'est-ce pas une joie de se retremper dans ces bonnes vieilles mœurs, évanouies?

A côté de l'institution, comme caractéristique du quartier, il y a la *pension bourgeoise*, telle que la décrivit Balzac; je ne puis résister au plaisir de relire la page :

La façade de la pension donne sur un jardinet, en sorte que la maison tombe à angle droit sur la rue..... Le long de cette façade, entre la maison et le jardin, règne un cailloutis en cuvette, large d'une toise, devant lequel est une allée sablée, bordée de géraniums, de lauriers-roses et de grenadiers plantés dans de grands vases en faïence bleue et blanche. On entre dans cette allée par une porte bâtarde sur laquelle est écrit MAISON VAUQUER, et au-dessous *Pension bourgeoise des deux sexes et autres*. Pendant le jour une porte à claire-voie, armée d'une sonnette criarde, laisse apercevoir au bout du petit pavé, sur le mur opposé à la rue, une arcade peinte en marbre vert par un artiste du quartier. Sous le renfoncement que simule cette peinture s'élève une statue représentant l'Amour..... Sur le socle, cette inscription, à demi effacée, rappelle le temps auquel remonte cet ornement par l'enthousiasme qu'il témoigne pour Voltaire, rentré dans Paris en 1777 :

> Qui que tu sois, voici ton maître :
> Il l'est, le fut, ou le doit être.

Le jardinet, aussi large que la façade, se trouve encaissé par le mur de la rue et par le mur mitoyen de la maison voisine, le long de laquelle pend un manteau de lierre qui la cache complètement, et attire les yeux des passants par un effet de pittoresque dans Paris. Chacun de ces murs est tapissé d'espaliers et de vignes dont les fructifications grêles et poudreuses sont l'objet des craintes annuelles de M*me* Vauquer et de ses conversations avec ses pensionnaires. Le long de chaque muraille règne une étroite allée qui mène à un couvert de tilleuls..... Entre les deux allées latérales est un carré d'artichauts flanqué d'arbres fruitiers en quenouille et bordé d'oseille, de laitue et de persil. Sous le couvert de tilleuls est plantée une table ronde peinte en vert et entourée de sièges..... La façade, élevée de trois étages et surmontée de mansardes, est bâtie en moellons et badigeonnée avec cette couleur jaune qui donne un caractère ignoble à presque toutes les maisons de Paris. La profondeur de cette maison comporte deux croisées qui, au rez-de-chaussée, ont pour ornement des barreaux en fer treillagé..... (1).

On irait au bout du volume, tant la description est encore actuelle. La rue n'est pas la même, mais le plan de notre maison est si scrupuleusement

---

(1) *Le Père Goriot.*

calqué sur celui de la pension Vauquer de la rue Neuve-Sainte-Geneviève, que l'exacte vérité donne seule de telles ressemblances. La pension de famille de la rue *de la Clef* a, de plus, cet ironique contraste de la prison, dont les guérites du chemin de ronde et les abords fortifiés ne font pas de réclame à l'établissement.

Cette maison de la mère Vauquer! Quelles réflexions vous viennent à l'esprit lorsqu'on y songe! C'est le port où les jeunes barques ambitieuses gonflent leurs voiles pour s'élancer à la conquête de Paris, et où les vieilles épaves viennent s'échouer. On commence là et on y finit. Pour les uns, c'est un nid d'où on s'envole ; pour les autres, c'est une antichambre

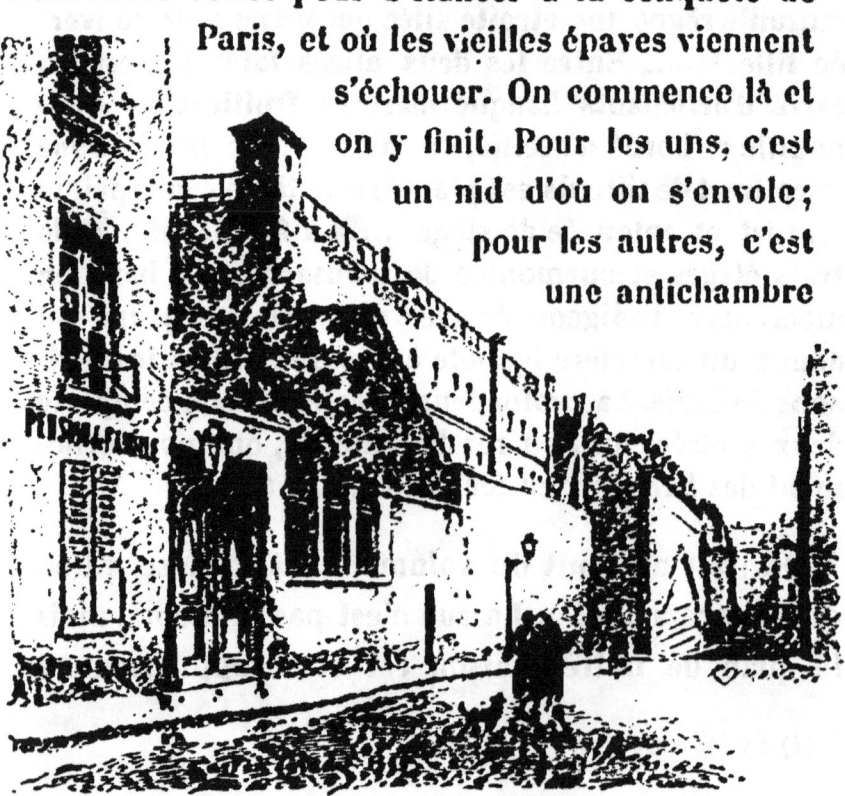

Rue de la Clef.

du tombeau; de jeunes dents s'y aiguisent et de vieilles bouches démeublées y babouinent.

Vous souvenez-vous de Vautrin qui, invisible et présent, intervient à chaque instant dans les événements? Et cette *Association des Treize* qui, dans une société organisée, exercent un pouvoir mystérieux par la seule force de leur intelligence et de leur volonté, disposent à leur gré des autorités constituées...... N'est-ce pas que tout cela vous paraît par trop romanesque?

Ce roman, c'est la vie elle-même, devinée et évoquée par le puissant génie de l'auteur de la *Comédie humaine*.

En ce moment, il y a des hommes qui s'agitent ainsi sans qu'on en sache rien.

Depuis plus de trois ans, des magistrats ont fait semblant d'ouvrir une instruction sur des faits qui étaient d'une limpidité de cristal. Ils ont toujours, comme Quesnay de Beaurepaire, le mot de conscience à la bouche ; ils posent pour l'austérité comme Prinet. En réalité, ils jouent tous une infâme comédie. Ils sont tout prêts à déclarer innocents ou coupables des coquins avérés qui ont dévalisé l'Épargne française, réduit au désespoir ou au suicide de braves gens qui avaient travaillé depuis leur jeunesse afin d'amasser un petit pécule pour leurs vieux jours.

La décision sans nom dépendrait de ce que voudraient certains hommes qui habitent loin de ces rues silencieuses, dans de magnifiques hôtels des Champs-Élysées et du parc Monceau.

Un gardien de la paix à 3ᶠ,55 par jour, qui se promène mélancoliquement, m'arrêterait si je dérobais une botte de navets à l'étalage de la fruitière, dans cette pauvre rue qui sent la banlieue. Il croit vraiment qu'il est défendu de prendre le bien d'autrui, qu'il y a une Justice, et que les tribunaux sont institués pour faire respecter cette Justice.

Tout ça, c'est des blagues! On est venu me dire officiellement : « Tout dépend encore de vous; si la *Libre Parole* veut se taire, on rendra une ordonnance de non-lieu. »

« — Et si la *Libre Parole* ne se tait pas?

« — On poursuivra.

« — Soyez tranquille, la *Libre Parole* ne se taira pas. »

Nul mieux que moi, effectivement, ne sait ce qui pourrait sortir de ces poursuites : le déshonneur de la bande de politiciens qui nous oppriment et nous ruinent, une crise présidentielle, un soulèvement populaire qui arracherait notre chère France à des maîtres ignominieux.

Je suis là-dedans jusqu'au cou. J'y suis, parce

que je m'y suis mis. Mon intuition d'historien social, aidée d'une documentation quelconque, m'a fait deviner des secrets terribles. Je sais beaucoup de choses, parce qu'on a cru que je les savais, et qu'on est venu me les raconter.

Tous ces gens que vous entendez successivement, dans les cérémonies funèbres, prononcer des harangues pompeuses et comparer le collègue, dont la mort vient de les débarrasser, aux plus vertueux citoyens de l'antiquité et des temps modernes, se considèrent mutuellement comme des crapules et se haïssent comme des damnés. C'est la Terreur, avec de la boue au lieu de sang ; ils n'ont qu'un rêve : se couvrir eux-mêmes et perdre un rival abhorré.

Ils font parfois comme les Borgia, ils se trompent de fiole et s'empoisonnent avec le poison qu'ils destinaient à leurs amis. Moi, je suis comme l'esclave chrétien qui, au sortir du repas des Catacombes, assistait à l'orgie des Consulaires et des porteurs de laticlaves. Je fais circuler à la ronde les coupes myrrhines et, sachant bien ce qu'il y a au fond, je m'attends un peu à ce que certains convives roulent foudroyés sur le triclinium.

Je publie des notes qui paraissent idiotes à mes collaborateurs, et qui font frissonner des Verrès à l'Opéra ou dans leurs palais. Allez chez Thierrée ! Cherchez Arton !..... Qu'est-ce que cela veut dire ?

Vous voyez, n'est-ce pas, la sombre et cruelle ironie de ces spectacles contemporains, et l'illusion de ces malheureux Français bernés par les puissances occultes qui gouvernent aujourd'hui? Il existe une Chambre des Députés et un Sénat qui tiennent beaucoup de place et qui coûtent très cher..... Tous les matins paraissent cinquante journaux différents qui renseignent leurs lecteurs sur le moindre incident du moment.

« Sommes-nous assez bien informés! » s'exclame Homais.

« C'est la conséquence du *self-government* », répond Prudhomme, « le fruit des conquêtes de
« Quatre-vingt-neuf, le résultat du régime démocra-
« tique qui, à ceux qui paient l'impôt, ne laisse
« rien ignorer de ce qu'ils doivent connaître. »

Un Juif véreux, un ancien marchand de denrées coloniales failli, a acheté tout le Parlement français pour le compte de deux Juifs allemands, sans que personne s'en soit aperçu.

. . . .

Vieux quartiers, rues des honnêtes gens d'autrefois, à travers lesquelles je viens d'égarer ma rêverie d'artiste, comme je vous en aime mieux encore, en songeant à tout ce que j'entends depuis quelques jours!

SUR UN ESCALIER

3 novembre 1893, sept heures du soir.

Le moment est difficile, critique, dramatique même. On a sonné trois coups correspondant à mon numéro de cellule. Je suis descendu chercher le panier qui contient mon dîner, il s'agit maintenant de le remonter. Et me voilà dans le grand escalier de Sainte-Pélagie.....

C'est un escalier immense, avec de larges marches branlantes, une rampe moite de toutes les mains qui s'y sont posées. Un quinquet funéraire projette çà et là des arabesques d'ombres traîtresses et inquiétantes pour un pied de myope. Une grande baie laissant filtrer un faux jour de la rue achève de donner aux lieux un aspect bizarre et troublant. En bas, des portes de bois massives avec des ferrures énormes et des serrures de cachots.

La question qui se pose est de véhiculer au troisième étage un panier qui contient à la fois des choses liquides et des choses solides. Cela n'est pas si aisé que vous le croyez. Quand on a calé sa bouteille, on a des inquiétudes pour les choux de Bruxelles et, quand le transport du rôti

est assuré, on appréhende de répandre le vermicelle.

Vous me direz que je pourrais éclairer ce voyage nocturne par une bougie. J'ai retrouvé ce raisonnement dans la bouche du guide de Waterloo. Napoléon aurait dû commencer l'attaque trois heures plus tôt; il avait peut-être ses raisons pour ne pas le faire. Pour juger équitablement les événements, il faut y être.

La bougie compliquerait la situation sans la résoudre. Tous les soirs à cinq heures on apporte aux détenus leurs provisions de bois et une bougie, mais les bougies qu'on distribue à Sainte-Pélagie sont d'une longueur démesurée. Si, en tombant, cette bougie boutait le feu à l'établissement, les *Archives israélites*, qui me tiennent à l'œil, m'accuseraient d'avoir incendié la prison afin de m'échapper à la faveur du tumulte.....

Il y a, voyez-vous, des questions complexes qu'on ne peut pas apprécier du Boulevard; il faut être dans les escaliers de Sainte-Pélagie, à sept heures du soir, avec un panier à la main, pour en apprécier les difficultés....

Ce que je redoutais, d'ailleurs, se produit. Je sens que je suis envahi par des pensées; je me dis : « Mon pauvre Drumont, ne trouves-tu pas extraordinaire de te voir là dans ce vieil escalier de couvent avec un panier qui contient du vermicelle et des choux de Bruxelles? Pourquoi sommes-nous au monde? Qui a créé le monde? Quelle étrange et indéchiffrable énigme que la vie! Et dire qu'il y a des millions et des millions d'êtres humains qui ont passé ainsi sur la terre, qui se sont tous entre-dévorés, qui ont troublé leurs contemporains de leurs passions et de leurs haines et qui sont disparus sans qu'aucune nouvelle d'eux vous arrive, en dehors de ces bruits vagues, qu'on entend parfois dans la solitude des nuits, et qui semblent comme l'appel d'une âme qui demande des prières. »

. . . .

Dix heures du soir.

A neuf heures, le gardien vient vous boucler avec un bonsoir amical et un bruit de clefs formidable. En voici jusqu'au lendemain six heures.

Mon habitation n'a rien de positivement élégant. C'est le *Grand Tombeau*, une chambre de structure singulière qui ne reçoit de lumière que par des carrés longitudinaux placés à la hauteur du plafond un peu comme des hublots de navire. Il faut monter sur une table pour apercevoir quelques toits. Rien n'est curieux comme de voir des morceaux de ciel bleu se découpant ainsi en de petits carrés longs..... C'est le Tombeau de Mausole lui-même, mais un tombeau avec un poêle, des cigares et tout ce qu'il faut pour écrire.

Si une flammèche du poêle communiquait le feu aux papiers dont ces chambres d'écrivains sont remplies, on serait carbonisé sans que personne puisse vous entendre et vous secourir. Il y a une sonnette qui est destinée à être montrée aux membres des congrès pénitentiaires qui visiteront la prison après avoir bu beaucoup de champagne. Seulement, depuis cinquante ans qu'elle est là, elle est absolument oxydée, et le cordon pourri vous reste dans la main dès que vous y touchez.

Le Grand Tombeau (Sainte-Pélagie).

Il n'y a que moi, du reste, qui, depuis cinquante ans, ait eu l'idée de toucher à cette sonnette comme j'ai touché à beaucoup de choses. J'ai senti que j'allais déranger tout un monde et je me suis dit : « Restons-en là ! » Malgré tout je me sens heureux de pouvoir me recueillir un peu après l'existence effroyablement agitée que j'ai menée depuis le jour ou parut le premier numéro de la *Libre Parole*.

Ma dernière impression du dehors date déjà de cinq heures du soir. Saint-Auban, Boisandré, Méry ont tenu à m'accompagner jusqu'à la porte. On s'est arrêté dans le cabaret du père Goujon dont l'enseigne : *On est mieux ici qu'en face*, est légendaire dans la littérature. Ce restaurateur des Lettres captives nous a apporté une bouteille de derrière les fagots et l'on a bu un dernier verre à la santé de la France et au triomphe de notre cause.

J'ai vu à la tristesse sincère des visages que

ceux qui étaient autour de moi m'aimaient véritablement, qu'ils me pardonnaient mes nervosités passagères, mes injustices peut-être, et qu'ils sentaient aussi que je les aimais.

J'aperçois là-bas dans ma petite maison de la rue de l'Université ma vieille servante, ma fidèle et bonne Marie. Pendant trois mois, sous les frimas et sous la neige, elle traversera Paris et passera sous les yeux du guichetier stupéfait en apportant, à un homme qui se contente d'un bon rosbif et d'un fruit, de quoi nourrir un corps d'armée.

Elle entretient l'hydre de l'Anarchie tout en me répétant tous les jours : « Quelles vilaines gens, monsieur, que ces Anarchistes! On dit qu'ils sont capables de tout. »

— Il y a de l'exagération là-dedans, mon enfant, il n'y a que nos ministres

Le cabaret du père Goujon.
« On est mieux ici qu'en face ».

qui soient arrivés à ce degré de canaillerie où l'on est capable de tout.

En aura-t-elle vu, la pauvre femme, depuis six ans : des duels, des procès, des prisons! Et dire que lorsqu'elle est entrée chez moi elle devait entrer chez un curé. La supérieure qui voulait son bien lui a dit : « Entrez chez M. Drumont, c'est la même chose. »

Vers onze heures, ma pensée s'en va malgré tout vers le boulevard Montmartre. Rien n'est singulier comme la façon dont l'homme se passionne peu à peu pour des choses qui, au commencement, l'ennuyaient profondément. J'avais fait un véritable sacrifice à ma cause et fait violence à toutes mes habitudes et à tous mes goûts en fondant un journal. Au lieu d'être le passager philosophe qui, assis sur le pont, regarde avancer le navire, il me semble que celui qui dirige un journal est dans la chambre de chauffe, dans la chambre du mécanicien, et qu'il ait le tympan cassé chaque jour par le bruit de la machine en mouvement.

On s'y fait et l'on éprouve bientôt un sentiment tout particulier, alors qu'en pleine nuit on perçoit cette activité du vaste univers, qui vient aboutir à vous par tous les fils du télégraphe. Au bout du monde, nos soldats luttent héroïquement, dans les

marais pestilentiels du Dahomey, contre des nègres
à figure de singe; dans un Parlement étranger,
quelque discours à effet a été prononcé; un homme
illustre a disparu de la scène humaine; dans un
de ces cloaques affreux qui entourent le brillant
Paris, on a découvert un cadavre horriblement
mutilé... Tout cela arrive pêle-mêle, tout cela est
annoncé, raconté, imprimé, tiré à des centaines
de milliers d'exemplaires, sans qu'on ait eu même
le temps de songer à tout ce qu'il y a dans ces
événements et dans ces drames.

Ceci est le côté inférieur, fiévreux et passionnel
du travail. Ce qui ennoblit l'œuvre journalistique,
c'est la pensée élevée qui le domine et qui l'inspire;
c'est la conviction que l'on a de remuer des idées
qui seront fécondes, de trouver un écho dans
l'Opinion, de faire réfléchir les hommes, de donner à d'obscures victimes de l'implacable régime
actuel la joie d'avoir pu soupirer et protester tout
haut.

La *Libre Parole*, sous ce rapport, a été digne de
sa mission.

Lorsqu'on fouillera plus tard la collection de
notre journal, on sera étonné de ce que nous avons
dit en quelques mois de choses qu'on n'osait pas
dire, de ce que nous avons abordé de questions
qu'on n'osait pas traiter, de ce que nous avons

signalé d'abus, dénoncé d'infamies, ouvert d'horizons, éveillé d'êtres à la vie pensante.

En toute occasion, nous avons pris vaillamment en mains la cause des persécutés, des spoliés, des opprimés, des exploités, des humbles, des souffrants, des pauvres casseuses de sucre de la Villette comme des employés des Postes.

Nous avons montré à tous dans quelles conditions meurtrières pour la collectivité fonctionnait ce système ploutocratique qui, assuré de la complicité d'une Magistrature vénale, dépouille des millions de malheureux pour enrichir quelques Juifs.....

Nous avons pris la défense des actionnaires de la Société des Dépôts et Comptes courants, que l'on ruine d'abord et que l'on veut obliger ensuite à remplir les trous qu'ont fait des administrateurs infidèles. Nous avons révélé à tous ce qu'avait été cette caverne que l'on appelait la Compagnie de Panama, et protesté contre les manœuvres de ceux qui s'efforcent d'assurer une scandaleuse impunité à des écumeurs sans vergogne.

Ce n'est que dans quelque temps que les Juifs et les Judaïsants s'apercevront de la violence du coup qui leur a été porté par une volonté sûre d'elle-même, souriante parfois et sachant éviter, à l'occasion, les manifestations inutiles.

Je jouis d'avance du châtiment qui va atteindre tous ces hommes qui ont été de si misérables hypocrites et de si effroyables oppresseurs. Môssieu Floquet, Floquet-la-Vertu, Floquet pontife, Floquet devant lequel les tambours battent aux champs pendant qu'un officier français salue de l'épée, Floquet représentant l'incorruptibilité jacobine..... Il en est comme une chatte, du Panama.

Et ce vieux coquin de Freycinet, membre de l'Académie française et de l'Académie des sciences, celui qui savait que Triponé était un espion aux gages de l'Allemagne, et qui, pendant deux ans, alors qu'il était prévenu, a laissé au traître ses libres entrées au ministère de la guerre, le Freycinet qui a torturé Turpin, l'enfant du peuple qui avait sauvé la France avec la mélinite au moment de l'affaire Schnœbelé, celui qui a fait de ce grand inventeur un prisonnier de droit commun portant la livrée dégradante des auxiliaires qui me servent..... Demain le masque de ce Pharisien tombera, le rêve qu'il avait caressé d'être Président de la République n'excitera plus que des huées, et il achèvera, sous le mépris de tous, une existence deshonorée.

Et Rouvier, et Roche, et Thévenet, et Albert Grévy, et tant d'autres! Et tous ceux qui ont été implacables pour les naïfs et les humbles qui s'étaient fourvoyés dans le Boulangisme sans voir qu'un homme entouré de Juifs ne pouvait rien faire pour son pays.

T'en souviens-tu des justes *lois*, ô Youssouf, neveu et gendre d'un escroc et d'un espion? Tu les réclamais, ces justes *lois*, pour un soldat héroïque qui, s'il fut un chef de parti médiocre, n'en avait pas moins reçu six blessures en combattant pour la France. Que penses-tu de ton estimable beau-père von Reinach, voleur, agent allemand et corrupteur d'hommes politiques?

Ces révélations feront-elles l'effet des deux doigts qui, introduits dans la bouche, amènent le vomissement libérateur? On peut en douter avec une nation aussi avachie que la nôtre.

En tout cas, ce monde maçonnique et juif aura reçu un coup dont il ne se relèvera jamais. On l'aura vu tel qu'il est; il aura été pris la main dans le sac et la main dans le chèque.

On ne dira plus de notre œuvre : « Ce sont propos de pamphlétaires, déclamations littéraires, attaques d'hommes passionnés qu'aucune preuve n'appuie. » La France aura les témoignages sous les yeux; elle saura entre quelles mains vénales elle aurait été si une guerre avait éclaté tout à coup.

Ce qui aura été versé dans ce débat couvera dans

les cerveaux et il en sortira quelque chose que nous ne voyons pas encore.

Tu as fait ce que tu as pu, mon bon Drumont, ne te tourneboules pas l'entendement.

Et ma foi, en songeant à tout ce qu'il y avait d'extraordinaire dans le Panama, à tout ce que les Bourgeois, les Ribot, les Loubet, les Franqueville ont étouffé et qui sortira peut-être un jour, je me mis à m'esclaffer de rire et je dansai un cavalier seul « dans le Grand Tombeau ».

MAISON D'ÉCRIVAINS

4 novembre 1892.

J'ai visité hier mon domaine en détails. C'est bien la maison qu'a décrite Du Camp :

> Cette prison est affreuse, écrivait Maxime Du Camp en 1871 ; elle est atteinte de lèpre sénile ; on a beau la nettoyer, la fourbir, la repeindre, elle succombe sous le poids de son grand âge ; on dit qu'on va prochainement la démolir ; il y a longtemps qu'elle aurait dû être remplacée, car elle n'appartient plus à notre civilisation. Elle est moins un lieu d'emprisonnement qu'une maladrerie ; pour les malfaiteurs, elle est une perversité ; pour les détenus politiques, elle n'est qu'humiliante ; pour l'administration, elle est un coûteux embarras ; elle a droit à la destruction, il faut espérer qu'on ne la lui refusera pas.

Ce serait, tout de même, un malheur que cette destruction. On ne peut imaginer rien de plus saisissant que cet antique refuge de femmes de mauvaise vie, qui a eu successivement pour hôtes les hommes les plus illustres de ce temps.

Déchiffrez les noms écrits sur ces murailles, feuilletez ces registres d'écrou et vous y trouverez le Génie, l'Esprit, le Dévouement. C'est là où les gouvernements viennent tour à tour choisir leurs hommes d'État, où les artistes viennent prendre modèles de statues; les plus obscurs de cette liste ont exercé malgré tout une influence sur leur temps.

Pêle-mêle, vous rencontrez là : Barbès, Bérenger, Blanqui, Armand Carrel, Chaudey, Léon Cladel, Clémenceau, P.-L. Courier, Delescluze, Ph. Dubois, Gégout, Guesde, P. Lafargue, Lamennais, Lepage, Lockroy, Longuet, Malato, Catulle Mendès, Morès, F. Pyat, Proudhon, Ranc, Raspail, Richepin, Raoul Rigault, Rochefort, Savine, Taine, Tridon, Vacquerie, Vallès.

Quelle drôle d'époque quand on réfléchit! Quelle société cacophonique, extravagante et démente que cette société qui a fait dix révolutions pour proclamer les droits de la Pensée et qui va chercher, pour en faire des ministres et des députés, des hommes qu'elle a commencé par mettre en prison comme des malfaiteurs.

On a décrit cent fois le Pavillon des Princes. Au premier, à droite : la *Grande Gomme*, une pièce très spacieuse qui fut la chambre de Rochefort et qui est aujourd'hui transformée en parloir; au second, la *Petite Gomme*, une très belle pièce encore, que Martinet occupait de mon temps; au troisième, le *Grand Tombeau*; au quatrième, la *Grande Sibérie*, une très vaste chambre aussi,

Cour des Politiques (Sainte-Pélagie).

mais très basse de plafond, d'où l'on a une vue panoramique véritablement merveilleuse. Par les temps clairs, on aperçoit distinctement Fontenay, Montsouris, le Père-Lachaise et les hauteurs de Belleville. A gauche, dans l'escalier, on trouve le

Petit Tombeau et la *Petite Sibérie*, qui sont des séjours désagréables.

On ne peut rien concevoir de triste comme cette immense cour mal pavée, qui sert à la promenade ; c'est une grande fosse de fauves plus qu'une cour ; les fenêtres grillées des détenus de droit commun donnent là-dessus et parfois, en levant la tête, on entrevoit le visage d'un malheureux qui se lamente ou qui ricane en esquissant quelque geste obscène.

Les *Dettiers*, comme on appelle à Sainte-Pélagie les détenus qui n'ont pas acquitté les condamnations pécuniaires, semblent mieux traités que les politiques. La cour de la *Dette* est charmante au premier printemps, sous ses vieux arbres, avec ses guirlandes de pampres et le réverbère antique. C'est bien particulier un tel coin de verdure dans une prison, frondaisons qui dissimulent mal les hottes honteuses des fenêtres et les barreaux compliqués : en tout cas, c'est un endroit privilégié.

Pour les politiques, la *Fosse de l'Ours* semblait assez convenable : c'est là qu'on se réunissait le matin, avant le déjeuner, pour jouer au ballon, se passer les journaux, échanger des impressions sur la séance de la veille. J'ai passé là des heures intéressantes en déambulant de long en large sous un ciel d'hiver tout chargé de neige, tandis que tous les ennemis de la société actuelle qui étaient là, poussaient des exclamations à chaque nouveau scandale révélé par les feuilles du matin, à chaque nom parlementaire que le juge d'instruction venait de saisir.

Mes compagnons de captivité étaient presque tous des Anarchistes. Je n'ai pas besoin de vous dire que je déteste les doctrines anarchistes et que je réprouve de toute mon âme les crimes commis par certains Anarchistes. Je n'éprouve pas cependant cette frénésie imbécile que montre, vis-à-vis de ceux qui se déclarent théoriquement Anarchistes, une société qui est absolument Anarchique dans ses pratiques et dans ses actes, qui ne fonctionne qu'en mode anarchique, qui est la négation absolue de tous les principes sur lesquels repose le véritable Ordre social.

Je vous ai donné mon opinion là-dessus dans la *Fin d'un Monde :*

Si le Collectivisme, écrivais-je alors, est l'expression logique de la situation économique et sociale du pays, l'Anarchisme est l'expression non moins logique de la situation morale.

On connaît ces boules de jardin qui reproduisent nos traits en les grossissant jusqu'à la difformité. Le Collectivisme et l'Anarchisme font de même et reproduisent, en l'exagérant encore, l'image de la Société. Exagèrent-ils même ! Je n'en sais rien.

Les Sociétés par actions, sur bien des points, sont plus collectivistes que le Collectivisme lui-même ; elles sont plus internationales, plus antipatriotes que lui. Un Juif prussien peut acheter demain à la Bourse toutes les actions d'une manufacture d'armes ou d'une société pour les fournitures militaires. Il n'a qu'à donner un coup de timbre, se faire apporter les livres et les états, et, à un clou de soulier, à une bride de cheval, à une couverture près, il saura où en est l'armée française. Pendant ce temps un badaud qui aura demandé à une sentinelle à regarder son fusil sera jeté dans les fers.

Quant à l'Anarchisme, on se demande quel désordre il pourrait ajouter à une Société aussi complètement désorganisée que la nôtre.

En fait, l'Anarchiste est le vrai successeur de Rothschild et, sinon son légataire universel, du moins son héritier présomptif. Il procède du même principe que les Juifs, en ce sens qu'il supprime de son entendement tous les scrupules qui retenaient les hommes d'autrefois ; il se met en dehors des principes et des conventions qui liaient jadis les hommes entre eux et constituaient le pacte social. Quant un financier juif a envie de faire un coup, il n'interroge pas sa conscience ; il ne se demande pas davantage si cela dérangera les conditions d'existence d'autres êtres, causera des ruines ou des désespoirs ; il fait le coup ; l'Anarchiste prétend également faire le sien.

Ceci explique que, dans l'état de décomposition du monde actuel, on n'ait jamais essayé de réfuter les Anarchistes. La Société ne peut, en effet, leur répondre qu'une chose : « J'ai la Force pour moi. » A quoi ils répliquent : « Cette supériorité de la Force, nous l'aurons peut-être un jour. »

Remota justitia, dit saint Augustin, *quid sunt impe-*

Cour de la Dette, à Sainte-Pélagie.

ria nisi magna latrocinia ? Cette parole se vérifie à la lettre. Vous figurez-vous le juge, qui vient d'acquitter Erlanger qui a volé 300 millions, osant parler de conscience ou de morale à un Anarchiste.

La vie en commun, d'ailleurs, rapproche vite. Je

n'ai trouvé à Sainte-Pélagie que des compagnons aimables et charmants et, grâce à nos efforts réciproques, nous avions fait de notre prison une véritable Salente où tout le monde vivait heureux dans la fraternité et dans l'union.

Quoi qu'on en ait dit aux membres du congrès pénitentiaire, il n'y a pas de règlements. Au moment où le gouvernement semblait par terre et où ma mise en liberté était imminente, j'aurais pu faire tout ce qui m'aurait plu à Sainte-Pélagie. Le directeur était un homme obligeant et courtois auquel je disais, à chaque visite : « Faites monter », ou bien : « J'ai à travailler aujourd'hui, dites que le règlement s'oppose... »

Si le ministre le lui avait ordonné, ce directeur m'aurait fait jeter dans un cachot glacé, en janvier, par trente degrés de froid, sans une couverture, et m'aurait fait assommer par les gardiens, sous prétexte que je récalcitrais.

C'est arrivé, il y a quelques années, à un pauvre diable de Dettier, enfermé pour une somme insignifiante, qui est resté perclus pour le reste de ses jours. On ne raconte pas ces horreurs-là aux membres des congrès pénitentiaires.

Je n'ai profité, en tout cas, des facilités qui m'étaient données que pour rendre l'existence aimable à mes codétenus et pour leur faire boire du bon vin. Ils s'ingéniaient de leur côté à m'être agréable ; ils cognaient au plafond pour m'avertir le dimanche de l'heure de la messe. Dès qu'ils recevaient de province du pain d'épice ou des confitures, ils s'empressaient de m'en faire goûter le premier. Le séjour à Sainte-Pélagie m'a laissé l'impression d'un de ces hôtels du Quartier Latin où l'on chante toute la journée.

Notre colonie s'était peu à peu accrue. Chèze, un romancier de talent, qu'on appelait Laurent de Médicis à cause de son type florentin, égayait notre solitude et parfois, à trois heures du matin, nous l'entendions encore, avec un plaisir qui aurait été sans mélange si l'heure avait été moins avancée, entonner le fameux Noël :

Trois anges sont venus ce soir
M'apporter de bien douces choses.
L'un d'eux portait un encensoir
Et l'autre un beau bouquet de roses.

Il y avait même un éditeur parmi nous. Il a débuté, du reste, par un coup funeste. Le premier jour où il est descendu dans la cour, « notre loyal codétenu », pour employer l'expression qu'affectionnait Martinet, dans les exordes, quand il se préparait à dire des choses énormes, a crevé le ballon qui servait aux jeux de la communauté. On a craint un moment que ce ne fût un émissaire de nos ennemis; mais il s'est glorieusement réhabilité dans l'opinion de ses frères en nous offrant un petit vin blanc qui grattait un peu, mais qui n'était vraiment pas sans charme.

Pendant de longs jours encore, j'entendrai ces francs éclats de rire, ces refrains de chansons retentissant le long des marches usées par le temps, et ces hurlements qui commençaient dès qu'on disait : « Nous allons aborder paisiblement la discussion de la question sociale ».

J'ignore l'impression que mes théories auront laissée à mes voisins d'en haut, mais je n'oublierai pas, pour ma part, les joyeuses parties de manille faites ensemble, en attendant l'arrivée du gardien qui faisait son apparition à neuf heures, pour mettre tout le monde sous clef.

UNE CONVERSATION

D'APRÈS-MIDI

10 novembre 1892.

C'est avant-hier soir que j'ai entendu parler pour la première fois de l'explosion qui a causé dans Paris une si légitime indignation.

Quand on est placé dans le Grand Tombeau, on ne peut pas toujours monter sur une table pour regarder ce Paris qu'on aime. On grimpe un étage et on monte à la chambre de quelque voisin anarchiste plus favorisé que vous comme local.

De là, on aperçoit le Jardin des Plantes, la rotonde, les grands cèdres du Belvédère, et, ce qui est plus intéressant quand on est sous clé, un bout de rue, des gens qui vont et viennent, une femme qui lève le nez, un cheval qui trotte, un chien qui remue la queue...

A cette heure, tout cela était noyé dans un brouillard de novembre grisâtre et pluvieux, avec quelques clartés de becs de gaz çà et là. La chambre était plongée dans l'ombre, les Anarchistes ménageant leur bougie quotidienne pour les travaux de la veillée.

On entendait, sans le bien voir, le Compagnon qui, d'une voix bien timbrée et presque chantante, exposait les théories de l'Anarchie, disait combien Ravachol était bon camarade et quels souvenirs avait laissés, à ceux qui l'avaient connu, ce monstre qui se privait de dîner pour donner du pain à un ami.

Parfois, quand le prisonnier s'approchait d'une fenêtre, un dernier rayon du jour finissant éclairait la figure de l'orateur, une figure de fanatique aux yeux doux comme des yeux de femme, comme on en trouve chez les Nihilistes. La tête, une tête de sectaire sans méchanceté, apparaissait très jeune encore, malgré la chevelure grisonnante qui contrastait avec la barbe restée noire.

Curieux, je demandais à celui qui parlait la genèse de ses idées et comment il était devenu Anarchiste. Le Compagnon racontait sa vie et il avouait franchement que c'était dans l'impression des injustices qu'il avaient subies, qu'il avait puisé cette haine

Le Jardin des Plantes,
de Sainte-Pélagie.

contre l'ordre social actuel qui en a fait un des militants du parti.

Ce Sans-patrie s'était engagé à dix-neuf ans dans un bataillon de francs-tireurs; il avait été blessé en allant ramasser son capitaine gravement atteint qu'on avait caché dans un bois, et il avait été mis à l'ordre du jour de l'armée. Cet apôtre de la destruction était venu à Paris en 1871 avec les pompiers volontaires qui accouraient pour éteindre les premiers incendies de la Commune. En arrivant, il avait rencontré un parent qui avait pris une part active au mouvement insurrectionnel; il s'était promené avec lui et, quatre ans après, on l'avait arrêté, lui, et condamné à quatre ans de dure captivité à Clairvaux.

Le père, mécanicien laborieux et habile, avait amassé 80.000 francs. Ces 80.000 francs avaient été dévorés par le Fisc, sans que le futur Compagnon ni sa sœur en aient jamais vu un sou. Tout y avait passé, et quand les enfants avaient réclamé, on leur avait dit : « Il est inutile de plaider... Il n'y a plus rien... »

Partout où il avait cherché à se faire une place, ce maléficié de la vie s'était heurté à l'Iniquité sociale.

C'était très émouvant, je vous l'assure, le réquisitoire de cet homme qu'on entendait distinctement, tandis qu'on entrevoyait à peine, dans le crépuscule du soir, les yeux brillants de celui qui parlait.

Il semblait que cette parole fût la voix d'un Être impersonnel, qu'elle sortît de cette *bouche d'ombre* qu'a célébrée Victor Hugo et qu'elle traduisît les colères, les amertumes et les confuses aspirations de ce monde d'en bas qui, rien qu'en s'agitant, fait tressaillir le monde d'en haut.

Ainsi l'on songeait, en regardant, par une lucarne de Sainte-Pélagie, le grand Paris enveloppé de mélancolie et de brume... On s'imaginait qu'en sondant l'horizon, on allait retrouver les visions habituelles : les rues silencieuses du faubourg Saint-Germain, les Champs-Élysées, les boulevards lumineux et joyeux. « Tout cela, pensait-on, appartiendra peut-être un jour aux amis des hommes qui sont là !! »

Tous les noms de captifs d'hier que vous voyez gravés au couteau dans la muraille de chaque cellule ne sont-ils pas des noms de triomphants et de puissants d'aujourd'hui ?

Le Compagnon, de sa voix égale et bien rythmée, continuait à prophétiser le règne prochain de « la bienfaisante Anarchie ».

L'aménité de mon caractère m'avait destiné à être heureux dans tous les milieux. Je crus inutile de discuter pour le moment, et je dis à mon compagnon de captivité :

— Promettez-moi, au moins, quand vous serez Gouvernement, de faire éclairer les escaliers, afin qu'on ne soit pas exposé à se casser la margoulette en allant chercher le panier du père Goujon...

La voix du Compagnon eut, cette fois, l'intonation presque irritée de quelqu'un dont la pensée a été méconnue :

— Vous ne comprenez rien à l'Anarchie ! Quand nous serons Gouvernement, il n'y aura plus de Gouvernement.

— Alors, qui est-ce qui éclairera les escaliers ?

— A quoi bon éclairer les escaliers, puisqu'il n'y aura plus de prisonniers ?

— Votre raisonnement me paraît juste, dis-je, et dans ce moment surtout, cette perspective ne peut que me sourire.

Là-dessus, la cloche sonna et chacun réintégra sa cellule pour y méditer, à sa manière, sur l'horrible attentat qui attestait, une fois de plus, « le trouble qui règne dans la société actuelle... »

UN DIMANCHE A SAINTE-PÉLAGIE

11 novembre 1892.

Elle est émouvante, cette messe matinale du dimanche à Sainte-Pélagie.

La chapelle sert à la fois de réfectoire et de salle de classe; aux murs, des cartes de géographie alternent avec des tableaux de sainteté.

L'autel est tout en haut d'un escalier; en bas, les détenus de droit commun se pressent sur des bancs de bois blanc, surveillés par des gardiens, rigides observateurs de la consigne, comme d'anciens militaires qu'ils sont pour la plupart. De temps en temps, ils font sortir quelque malheureux qui s'est laissé aller à échanger un mot avec son voisin.

Le regard se détourne involontairement du livre d'heures pour contempler ces pauvres êtres si tristes, si lamentables avec leur veste de droguet qui les fait ressembler à des rats bruns, avec leur tête tondue, leur bissac au côté.

Tout un monde de souffrances, d'infortunes, de hontes est là sous vos yeux. Si chacun de ces condamnés se mettait à vous raconter sa douloureuse histoire, on aurait la vision de tout ce qui peut entrer de fatalités, de guignons, de misères matérielles et morales dans une existence humaine.

Le criminel né, l'individu invinciblement attiré vers le mal, est ici l'exception.

Ce que vous trouvez là, ce sont vos *déblayements* d'audiences correctionnelles. Vous avez vu ces hommes arriver devant le tribunal, ahuris, ouvrant la bouche pour s'expliquer; vous les avez vus emmenés en un clin d'œil, sans avoir pu placer une parole, dans ces terribles fournées où on juge cinquante accusés en une heure... Une, deux, trois! Enlevez! c'est pesé dans la balance à faux poids de Thémis.

Vous les revoyez là sous la livrée des prisonniers soumis à un régime très dur. Ils n'ont le droit ni de parler, ni de fumer. Exploités par l'entrepreneur soumissionnaire du travail de la prison, ils touchent à leur sortie une somme dérisoire pour le travail de longs mois.

Là-dedans, il y a des gens comme mon baigneur condamné pour avoir volé quatre prunes, des vieux à moitié paralysés condamnés pour mendicité. Il y

Chapelle de Sainte-Pélagie.

a, parmi les Dettiers il est vrai, un malheureux condamné à cinquante francs d'amende pour avoir embrassé d'un peu trop près sa connaissance au bois de Boulogne; avec les frais, cela a fait deux cents francs. Il a versé là-dessus cent francs, et il est venu demander un sursis pour le surplus; on l'a trouvé de bonne prise et il fait vingt jours de prison pour le reste de l'amende.

Alors, vous vous souvenez d'Herbette et des scandales de la Fouilleuse. Vous vous rappelez ce salon du boulevard Haussmann où des députés en habit noir et en cravate blanche, qui avaient bien dîné et qui avaient vu le dossier, racontaient sur la Fouilleuse des histoires... oh! des histoires!

Vous songez à tant de coquins triomphants, à ces banquiers officiers ou commandeurs de la Légion d'honneur, qui ont ruiné des milliers et des milliers de naïfs... Vous évoquez comme contraste à ces murailles lépreuses, à ces fenêtres grillées, tous ces brillants hôtels de financiers du quartier Monceau et des Champs-Élysées, tous ces châteaux historiques occupés par des gens qui ont cent fois mérité le bagne... Vous pensez à Panama.

Le prêtre a quitté l'autel pour monter en chaire. Dans la demi-obscurité qui règne encore, il est obligé, pour lire l'Évangile du jour, de s'éclairer d'un petit bougeoir, et cette chétive lumière, mise en valeur par la blancheur du surplis, a comme des irradiations éclatantes dans la pénombre de la chapelle.

Quand il a fini, le prêtre souffle sa bougie avant d'adresser un petit prône à ses ouailles misérables.

Il vous semble qu'il y aurait des choses admirables à dire en un tel endroit, des paroles tendres, fortifiantes, vivantes, compatissantes, qui feraient luire pendant toute une semaine un peu d'idéal dans l'âme de ces déshérités, qui jetteraient un peu de bleu dans ces existences sombres. Des pensées vous viennent, de belles et touchantes images se présentent à vous...

Le bon prêtre, qui vient chaque semaine dire la messe aux prisonniers qui demandent à y assister, est le modèle de toutes les vertus. Mais Dieu, qui a donné aux uns le don des langues, aux autres le pouvoir de charmer les serpents, ne lui a pas donné l'éloquence. Il parle du nez et c'est même la seule chose dont il parle...

J'ai entendu vaguement, l'autre jour, qu'il recommandait à ces infortunés de rendre à César ce qui est à César, et qu'il paraphrasait l'Évangile du vingt-quatrième dimanche après la Pentecôte. J'ai cru comprendre aujourd'hui qu'il paraphrasait l'Évangile du premier dimanche de l'Avent.

La fin du monde et le Jugement définitif et dernier! Quel sermon magnifique à faire sur ce sujet dans une prison! Le côté éphémère de cette apparence au milieu de laquelle nous vivons, de ce monde où nous avons tant souffert!

Voici que la messe est finie, et le troupeau s'en va sur deux rangs, abruti et dolent, faisant retentir de ses sabots la cour intérieure dans laquelle un garde municipal monte la garde.

Pauvres gens! Quelle part, dans ces destinées funestes, d'influences héréditaires, de mauvais exemples, de malchance, d'*anankès* de toute sorte!

Seigneur! Seigneur! Ce sont cependant des hommes, et votre divin Fils fut un homme aussi. Ne prendrez-vous pas en pitié ces maudits de la terre, n'en sauverez-vous pas quelques-uns, même ici-bas, du sort affreux qui les attend? Tandis que tant de bandits habiles étalent dans notre Paris leur luxe insolent, faudra-t-il que ces demi-responsables aillent de maison centrale en maison centrale jusqu'à la relégation? Ne leur donnerez-vous pas au moins une heure de bonheur dans leur vie?

La chapelle à Sainte-Pélagie.

LA SUPRÊME ENTREVUE

21 novembre 1892.

Quelle scène que cette dernière entrevue de Reinach et de Cornélius Herz! Tous les grands acteurs de la politique contemporaine : Rouvier, Constans, Clémenceau sont là. Andrieux se promène dans le jardin. Freycinet est à deux pas dans son hôtel de la rue de la Faisanderie.

Reinach écrasé s'en va; il n'a pas d'argent pour payer sa voiture, et c'est Constans qui lui prête cent sous!

Pensez-vous que l'on puisse avoir des jouissances intellectuelles comparables à celles que l'on éprouve en assistant à tout cela du fond d'une prison, en lisant les harangues vengeresses des Delahaye, des Déroulède et des Millevoye?

Tous ces personnages semblent tout à coup s'être échappés des pages de *La France Juive* pour apparaître en chair et en os devant la foule. C'est le monde de *La France Juive* qui surgit brusquement devant tous, non plus dans la demi-teinte du livre, mais dans la pleine lumière de l'actualité.

Tout ce qui, aujourd'hui, excite les passions, les colères, les indignations, a été raconté d'avance par les Antisémites.

C'est moi qui ai deviné, c'est moi qui ai signalé le premier à l'attention du public qui avait peine à me croire, ce Cornélius Herz, ce docteur fantastique, qui, malgré son nom moyennageux, est un beau type de moderne.

Celui-là est bien supérieur à Reinach et il me semble tout naturel qu'il l'ait mangé. C'est un étrange mélange de Faust et de Vautrin, un composé de Balsamo et de Barnum; il tient à la fois de Figaro et de Nucingen; il est mystérieux comme un alchimiste, impénétrable comme un conspirateur et pratique comme un financier.

On m'accusait d'être un extravagant et un visionnaire il y a six ans, et, maintenant, on déclare que mes livres sont au-dessous de la vérité.

Le mérite des Antisémites a été précisément de comprendre qu'il ne fallait pas tout dire à un public entretenu par la Presse dans une complète igno-

Rue Murillo
(Hôtel Reinach).

rance, et qui ne soupçonnait pas le rôle des Juifs dans la Société actuelle.

Les Antisémites ont eu le sentiment de la mentalité, de l'état d'esprit du lecteur, comme un cavalier a, par la bride, le sentiment du tempérament d'un cheval; il comprend qu'il ne faut pas lui donner une trop brusque secousse et, qu'en l'excitant trop violemment, on l'affolerait au lieu de le guider.

Jamais mes livres n'auraient été acceptés si j'avais dit tout ce que le monde commence à savoir maintenant. Imaginez l'auteur de *La France Juive* et même de *Dernière Bataille*, déroulant brutalement devant la foule des tableaux qui se succèdent depuis un mois sous les regards de tous. C'est pour le coup qu'on l'aurait traité d'Illuminé!...

Il y a temps pour tout. Qui aurait admis, il y a trois ans seulement, qu'un grand financier, officier de la Légion d'honneur, assidu dans les coulisses de l'Opéra, oncle d'un rédacteur en chef de la *République française*, qui parlait à chaque instant des « justes Lois », ait voulu faire assassiner un de ses coreligionnaires en plein Paris du XIX° siècle ?

Nous avons cru nous-même que c'était une invention calomnieuse de Blowitz contre les Antisémites.

Ce n'est que plus tard que les faits ont été éclaircis.

C'est de cette façon qu'Andrieux a fait connaissance avec Cornélius Herz, effrayé et n'ayant nulle confiance dans les Opportunistes au pouvoir, qu'il savait capables de tous les crimes, demanda de le sauver à

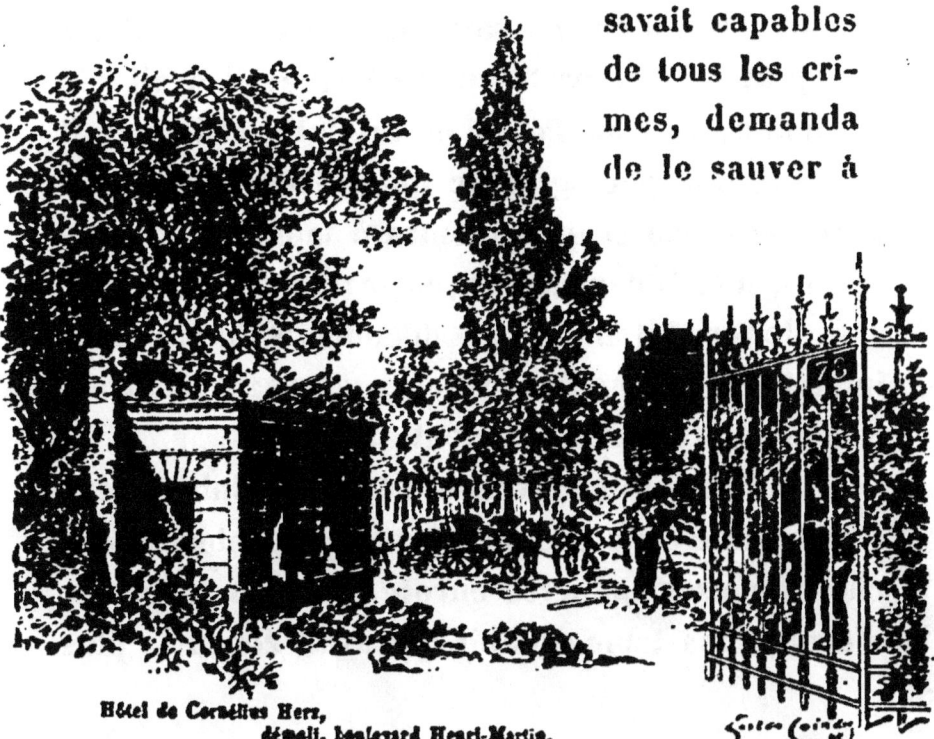

Hôtel de Cornélius Herz,
démoli, boulevard Henri-Martin.

l'homme qui a laissé, comme préfet de Police, des souvenirs inoubliables.

Le Saltabadil embauché par Reinach, et qui recula au dernier moment, était lui-même un personnage d'une extraordinaire fantaisie.

Il avait été caporal et camarade de chambrée d'un de mes amis. Quinze ans après, mon ami, devenu un brillant officier, allait rejoindre son régiment en Afrique; lorsque dans le train de Marseille il aperçut un employé de *sleeping-car* qui le regardait avec attention.

— Comment! c'est toi?

— Oui, c'est moi...

Alors, l'autre raconta sa vie. Il avait quitté l'armée; il était devenu commissaire de police; il avait été révoqué; il était parti en Amérique; il avait été nommé colonel au Pérou ou au Chili, et il portait toujours une photographie qui le représentait en grand costume et qu'il montra à mon ami; maintenant, il était dans les *sleeping-cars*...

On le revit; il montra des documents du plus haut intérêt, et, comme Davoust et comme tant d'autres, il mourut presque subitement.

Quand l'heure sera venue d'écrire définitivement l'histoire de cette époque étrange, on entendra des choses plus singulières encore. J'ai eu le plaisir d'avoir à ma table un Juif qui avait conçu la plus profonde admiration pour moi et qui m'expliqua comment on avait fait assassiner un Président d'une République du Sud qui, après avoir touché la forte somme, avait refusé de tenir ses engagements à propos d'un emprunt destiné aux gogos parisiens.

Le nouveau Président, instruit par ce précédent, fut plus accommodant pour cet emprunt qui fut souscrit par la petite épargne française avec un empressement que l'on devine et qui, du reste, est encore honorablement coté à la Bourse des Pieds humides.

Le grand Juif qui a conduit cette affaire a toujours joui d'une haute considération dans le beau monde parisien.

Tous ces événements mélodramatiques, bizarres, extravagants, se passent dans une Société où il y a des gardiens de la paix à chaque coin de rue, dans une Société alignée, tirée au cordeau, réglementée et administrée à outrance, dans laquelle il n'est pas permis, sous peine d'un procès-verbal, de secouer un tapis par la fenêtre après une certaine heure.

C'est ce côté de la civilisation actuelle qui, dans l'avenir, excitera une gaîté énorme.

C'est par là aussi que souffriront cruellement tous ces candides, tous ces naïfs, tous ces benêts qui ne veulent pas nous croire et s'imaginent niaisement être garantis par une Organisation très compliquée, très coûteuse et purement décorative. Quand il leur sera démontré qu'il n'y a là qu'une apparence, un mensonge, un leurre, une fiction, une fantasmagorie, ils seront foudroyés par l'évidence, terrassés par la réalité.

Cet édifice de carton, que représente la Finance juive, écrasera plus de malheureux en s'étalant piteusement sur le sol que ne le ferait, en s'écroulant, un monument de granit.

On verra qu'il n'y a rien dans ces caisses que l'on déclare être pleines; on connaîtra que des Sociétés qu'on croit indestructibles, comme le Comptoir d'escompte, ne résisteront pas plus que lui à une alerte, que des banques qui ont un capital de cent ou de deux cents millions seraient incapables de rembourser vingt millions si on les leur demandait demain.

Le Comptoir d'escompte

Les Juifs auront maintenu les cours jusqu'au dernier moment pour réaliser leurs titres en or, en opérant peu à peu pour ne pas donner l'éveil, et les *Goym* s'en iront avec du papier qui vaudra juste ce que valent les actions à vignettes de Panama.

— A quoi sert d'écrire cela? Vous savez bien qu'on ne sauve jamais les hommes malgré eux?...

Ainsi parleront les sceptiques.

— Sans doute; mais pour la satisfaction de sa conscience, il faut tout de même prévenir les gens. Après tout, au moment du déluge, il s'est trouvé quand même une famille raisonnable qui a été sauvée en se réfugiant dans l'Arche...

Ces épisodes si étranges se déroulent dans un décor banal, mais qui n'en a pas moins un caractère propre de modernité, de faux luxe, de rastaquouérisme, pour dire le mot. Le dôme de l'hôtel Reinach donne un peu l'idée d'un seau à ordures retourné : est-ce un emblème? L'hôtel de Cornélius Herz a disparu. En mai 1895, pris de la fantaisie de le revoir, j'arrivais à temps pour la chute du dernier pan de mur, la loge du concierge. Tout au fond du jardin, émergeait, des gravats et des poussières, un peuplier solitaire, comme un cyprès de cimetière, immense. C'était tout ce qui restait de cette demeure qui avait été la confidente de tant de secrets.

Ce sont des documents pour l'histoire de notre siècle : leur style affreux n'a pas découragé la pointe de notre dessinateur. Mais quel contraste avec nos quartiers aimés, où nous avons si complaisamment promené le lecteur, avec ces antiques demeures d'honnêtes gens qui restent debout! Des autres, on peut dire : Je n'ai fait que passer, elles n'étaient déjà plus!

LE DRAME JUIF

24 novembre 1892.

L'attention publique ne se peut détacher du spectacle de cette fin énigmatique et tragique du chef de la dynastie des Reinach.

Les plus éloignés de nos idées commencent à avoir la vision de ce qu'est le Juif, et des ravages qu'il peut causer dans une Société au milieu de laquelle il opère impunément.

Ces gens-là n'ont vraiment pas le cerveau conformé comme nous, leur évolution est différente de la nôtre, et tout ce qui vient d'eux est exceptionnel et bizarre... Ils arrivent on ne sait d'où, ils vivent dans un mystère, ils meurent dans une conjecture... Ils ne parviennent pas, ils surgissent tout à coup en éblouissant les capitales de millions dont on ignore l'origine; ils ne meurent pas, ils disparaissent brusquement dans un drame...

Ils attirent le drame, ils l'apportent avec eux dans les pays qu'ils bouleversent et dans les intérieurs qu'ils envahissent. Le krach, le coup de théâtre ou le coup de Bourse, l'imprévu dans l'interlope semblent être leur naturel élément.

Quand de pareils gaillards sont lâchés dans une Société, comment voulez-vous que les natifs puissent continuer à vivre de la bonne vie tranquille d'autrefois? Ils entraînent tout le monde dans la trépidation de leur mouvement; ils troublent tout autour d'eux par le trouble de leur propre esprit...

En vérité, ces modernes et ces ultra-civilisés, avec leurs outrances, leurs fièvres, leurs convoitises toujours allumées,

La Bourse.

causent plus de désordre partout où ils passent que les Barbares d'autrefois.

Comment font-ils pour être les maîtres partout ? Voilà un homme qui était né à Hambourg, qui devait par conséquent être antipathique et suspect à des Français... Il avait tout dans les mains : la Finance, le Monde politique, le Ministère de la Guerre... Il avait les fournitures militaires, les lits militaires ; il avait failli avoir le café militaire.

A côté de cela, un pauvre diable de Français pur sang, fils et arrière-petit-fils de Français, apparenté quelquefois à des hommes bien posés, ne saura comment s'y prendre pour faire connaître une invention utile ; il trouvera toutes les portes fermées et il n'aura de chance de réussir que si le Juif, moyennant 50 ou 75 p. 100, consent à s'occuper de son affaire.

La force du Juif est d'aller droit devant lui avec l'inconscience de certains névrosés, de certains êtres possédés par une idée fixe.

Étranger à tout sens moral, incapable de tout scrupule, convaincu que les autres ne comptent pas et qu'il n'y a pas à s'occuper d'eux, le Juif n'a même pas la préoccupation de certaines responsabilités ; il compte sur le Kahal pour le protéger si cela est possible, et, pour le reste, il se confie au *Mazzal*.

Avenue Montaigne.
Hôtel de Lesseps.

Qu'est-ce que ce *Mazzal* dont nous avons déjà parlé à maintes reprises? Ce n'est ni le Fatum antique, ni la Providence chrétienne; c'est le bon sort, la chance, l'étoile, le chapitre heureux du roman. Regardez de près la vie de tout Juif de marque; elle vous apparaîtra comme un roman réalisé.

N'est-ce pas un roman que cette existence d'Arton,

marchand de café au Brésil, lanceur de journaux boulangistes, fondateur d'une banque catholique qui a le portrait du Pape dans sa salle de délibérations, distributeur de publicité du Panama, négociateur, acheteur de consciences? Il tient Le Guay par le secret des sommes reçues pour le Panama, et, quand le Panama ne fournit plus, il force Le Guay à lui escompter des effets à perte de vue.

Le Guay a fini par échouer à Mazas, et Arton se promène paisiblement, dînant en joyeuse compagnie, et, s'il faut en croire un de

Du Palais à Mazas

nos confrères, se laissant même *interviewer* avec complaisance dans la jolie villa qu'il habite... Du moins, il était là hier; dans huit jours peut-être, il sera à Budapest ou à Bucharest, organisant d'autres affaires, faisant d'autres dupes jusqu'au jour où, croyant la partie définitivement perdue, il se suicidera comme Reinach, comme Merton, comme Primsel, comme tant d'autres.

Que voulez-vous, encore une fois, que fassent les Autochtones, les Naturels du pays que traversent ces bandes de Bédouins mis à la dernière mode?

Violemment arrachés à leur traditions, déshabitués de tous les sentiments héréditaires qui constituent une race, un peuple, une Patrie, ces pauvres gens éprouvent cette espèce d'ahurissement qui caractérise les jours présents; ils se prennent la tête à deux mains et cherchent en vain à quoi se raccrocher.

Il n'y a plus rien, en effet : ni foyer, ni mœurs familiales, ni principes sociaux, ni religion, ni constitution de propriété. La propriété, c'est du papier qui, aujourd'hui, vaut mille francs et qui, demain, aura la valeur d'une feuille d'arbre, quand le Juif qui aura fait monter fictivement ce papier se sera brûlé la cervelle comme Merton ou aura avalé une fiole d'aconitine comme Reinach.

Dans quel Temple chercher un asile au milieu de

la tempête. Le Temple de Dieu? Pour la nouvelle génération, c'est une vieille masure que le Gouvernement déclare bonne à être démolie. Le Temple des lois? C'est un autre où l'on acquitte Erlanger et Laveyssière, tandis qu'on condamne impitoyablement le miséreux qui a volé pour manger. Le Temple de la représentation sociale? C'est un bazar où l'on achète des votes à beaux deniers comptant.

Le Français, éperdu, demeure plein d'angoisse devant toutes ces profanations et toutes ces ruines. Quand il essaie de regarder l'Avenir, il aperçoit dans le lointain l'Anarchiste qui, logique avec la situation, complète l'œuvre du Juif et s'efforce de faire sauter une Société dans laquelle le Juif n'a pas laissé grand'chose à détruire...

1893

31 décembre 1892.

Un bout de toit couvert de givre qu'on aperçoit en se haussant sur une chaise... Quant à la mansarde éclairée dont me parle un camarade par la fenêtre, il m'est impossible de l'apercevoir... En revanche, un beau ciel très pur, lumineux et clair comme un ciel d'été et, dans le ciel, juste en face de moi, une belle étoile d'or...

Salut à l'Étoile, à la nouvelle Année, à l'Espérance, à l'Avenir !

Là-bas, tout préoccupé sans doute des étrennes,

Paris, mon grand, mon doux, mon effrayant, mon poétique Paris, le Paris qui sait aimer et le Paris qui sait haïr, le Paris où le pavé rit au passant et le Paris tragique des Maillotins, des Saint-Barthélemy, des massacres de Septembre...

Pendant la dernière soirée de l'année, nous avons voyagé sur les ailes de la Chanson dans le pays du Rêve. Nous avons eu l'illusion des belles prairies et des verdoyantes campagnes avec ces vieilles rondes paysannes, ces adorables refrains rustiques du Morvan et du Berry qu'accompagnait jadis sur la place du village le violon du ménétrier :

> Dansez au son de la musette !
> Dansez au son du tambourin !
> Dansez !
> Chantez !
> Dansez au son de la musette !
> Dansez au son du tambourin !

Vous ne pouvez pas vous douter comme c'est charmant ces chansons naïves entonnées en chœur par ces hommes qui, dans la vie ordinaire, passent pour des hommes de haine. Ces durs visages qui, au moment des discussions politiques, reflètent des âmes passionnées et violentes, semblent comme illuminées par un rayon de soleil jouant dans une clairière au printemps.

Oh ! oui, c'était tout à fait délicieux, ces airs qui ont été chantés pendant des siècles par de naïves pastourelles gardant leurs brebiettes, égayant la tristesse d'une prison où chacun songe à la revanche que les événements lui donneront un jour.

Après cela, on a chanté des *Noëls* du temps jadis :

> Il est né le divin Enfant,
> Chantez hautbois, résonnez musettes !

Toujours la musette; la danse sous les grands arbres, l'été; le retour de la messe de minuit, l'hiver; une vieille France oubliée qui revient dans une mélodie enfantine.

Puis, la note a brusquement changé et l'on a vu surgir tout à coup comme le spectre de la Révolution prochaine. On a eu comme une vision du cataclysme qui menace cette Société de laquelle tout esprit de Justice s'est retiré.

C'est l'œuvre absolument curieuse et bizarre d'un poète-musicien, d'un homme qui s'est fait lui-même, comme Burdeau, seulement qui s'est mieux fait, car son œuvre tour à tour farouche et tendre, idyllique et sinistre, est vraiment d'une originalité extraordinaire.

Les vers font tellement corps avec la musique, qu'il est difficile de faire comprendre l'intensité d'effet que produisent ces chansons qui s'appellent la *Muse rouge, Gare à la bombe! Il y a de la malice là-dedans!*

Il y a là comme un frisson humain. quelque chose d'analogue à ce raclement d'archet sur le violoncelle qui semble arracher un cri aux entrailles de l'homme :

> Puisque du Christ, le sang, les pleurs,
> Tyrans! n'ont pu former vos cœurs
> Aux sentiments de la colombe :
> Gare à la bombe!

1893

L'Anarchie au souffle brûlant
Se faufile en tourbillonnant
Dans les cerveaux, comme une trombe,
Gare à la bombe!

. . . .
Après, on verra les humains,
Du Sud au Nord, mains dans les mains,
Au roucoulement des colombes,
Noyer les bombes!

Est-ce joli encore ce vol de colombes qui traverse ces évocations sanglantes, ce roucoulement d'oiseaux qui se mêle à ces appels d'une Carmagnole plus terrible que celle de 93! Tout un état de l'âme française, si désorientée et si troublée à l'heure actuelle, ne se raconte-t-il pas là-dedans?

Voilà minuit... Chacun frappe du balai au plancher de son voisin et l'interpelle à travers les lourdes portes soigneusement fermées par d'énormes verrous.

« Bonne année! Bonne année! Vive l'Anarchie! Vive la Révolution sociale! Vive l'Humanité! Vive l'Amour! Vive la Haine! »

Moi, j'ai crié : « Vive la France! A bas les Juifs! Bonjour à tous nos amis de France, amis des villes et des campagnes, amis de toutes les croyances, de tous les partis et de tous les rangs. Bonjour et bon an! »

Et j'ai remonté sur ma chaise pour regarder, par l'étroite lucarne, ma belle étoile d'or qui brille toujours dans le firmament clair...

Vive la nouvelle année!

Qui sait?

Aujourd'hui, c'est un écrivain français, un vétéran du journalisme qui est obligé de faire dans son seau pour avoir voulu empêcher Rothschild de s'emparer de la Banque de France.

Dans quelques années, c'est peut-être Rothschild qui fera dans le seau et qui cognera au plafond de son voisin Raynal pour lui souhaiter la bonne année.

Vous ricanez, monsieur le baron... Hé ! hé ! Nous avons bien fait du chemin depuis 1886, époque de l'apparition de *La France Juive*, et les Juifs n'ont plus la chance pour eux depuis quelque temps...

LE MONDE DES COQUINS

27 janvier 1893.

Avez-vous lu, aux « faits-divers », le suicide de la Mère aux chats?

La pauvre vieille avait l'inoffensive manie de recueillir des chats errants. Quand elle n'eut plus un sou pour nourrir ses bêtes, elle vola un morceau de mou à l'étalage d'un tripier. La Justice ne badine pas pour ceux qui s'emparent du bien d'autrui — on l'a vu par la rigueur qu'elle a déployée contre Erlanger et contre les administrateurs du Comptoir d'escompte, qui avaient opéré sur des millions et qui furent si rigoureusement acquittés. Les tribunaux condamnèrent la voleuse de mou à huit jours de prison.

Dès qu'elle fut libre, la Mère aux chats courut chez elle, et un horrible tableau frappa ses regards : les matous s'étaient tous entre-dévorés !

Vous figurez-vous ce que devait être le spectacle de ce taudis où des chats affamés se mangeaient réciproquement avec des miaulements atroces et des coups de griffe frénétiques ?

N'est-ce point là l'image de ces exécutions du Panama, de ces politiciens fous de terreur, livrant aux « justes lois », chères à Reinach, les Opportunistes qui ne sont pas plus coupables qu'eux ?

Je pensais à cela en lisant, l'autre jour, l'admirable article de Barrès : *Leurs Figures.*

Un article, ai-je dit ; je me trompe, c'est une belle page d'histoire observée et vécue, qui restera comme un document inoubliable.

Nous avons tous éprouvé le regret de voir retracées par la plume hâtive de *reporters* ces scènes dignes d'un dramaturge comme Shakespeare, ces épisodes de la vie réelle qui dépassent les plus puissantes conceptions d'un Balzac.

Ce n'est la faute de personne, et l'informateur de profession qui, talonné par l'heure, débordé par les événements qui se précipitent, rédige fiévreusement, sur un bout de table, le récit des faits invraisemblables qui se sont succédés depuis quelques mois, accomplit déjà un véritable tour de force. On ne peut lui demander de dégager ce qu'il y a de philosophique enseignement, d'émotions intenses, d'éléments tour à tour terribles et comiques dans les choses extraordinaires dont il est l'enregistreur, le greffier presque impassible... S'il se mettait à penser, il oublierait de noircir le feuillet qu'on attend déjà à l'imprimerie.

On goûte donc une joie intellectuelle très vive, lorsqu'un écrivain de race, un psychologue attentif et subtil comme Barrès, vient vous raconter ce qu'il *a vu*, vous donner, en quelques traits saisissants et volontairement sobres, l'impression que son cerveau a reçue de ce que ses yeux lui ont transmis.

On ne trouverait pas un mot de trop dans ce fragment d'histoire contemporaine, qui rappelle ces curieux chapitres de *Choses vues*, dans lesquels Victor Hugo a fixé des souvenirs absolument personnels.

Cette fois, l'ironie dont Barrès abuse un peu,

n'est plus dans l'auteur lui-même, elle est dans les faits qui, selon l'expression du narrateur, sont « d'un dur relief ».

Il y a là un Rouvier entrant à la Chambre quelques minutes avant qu'on ne réclame l'autorisation de poursuivre en disant : « Qui cite-t-on sur les chèques? » qui est d'une touche superbe. Il y a aussi un Arène qui n'est pas mal, quoique visiblement flatté.

Les mots ont l'accent des mots qui ont été dits. Les promiscuités honteuses, les familiarités de complices qui ont longtemps perpétré les mêmes infamies en commun s'affirment là, dans des interjections grossières que souligne encore le tutoiement :

« C'est toi, Viette, qui m'a fait cela, toi! » s'écrie Jules Roche, et il jette à tous les ministres son fameux : « Vous êtes tous des canailles! »

Cela n'a pas le caractère de grandeur farouche des tragiques séances de la Convention, mais la brutalité de ces explications qu'échangent les escarpes dans le cabinet d'un juge d'instruction. Il semble entendre un Gamahut à la voix rauque, furieux contre le *copain* qui « a mangé le morceau », s'arrachant une minute aux gardes municipaux qui l'entraînent pour venir crier au juge : « Ne l'écoutez pas, monsieur le juge, c'est lui qui a refroidi le « pante »; moi, je n'ai fait que le barboter... »

C'est bien comme cela que j'avais compris la scène dès le premier jour, quoique je n'aie pu y assister, pour des raisons que l'on devine.

Ce qui domine là, c'est l'animalité pure, l'instinct livré à lui-même, le cri spontané de la peur.

Ces gens-là ont fini comme ils avaient vécu : dans la peur... Au pauvre vieux moine qui réclamait la paix de sa cellule, à l'officier

Rue de la Faisanderie.

qui défendait son grade, au soldat qui voulait garder sa croix, Freycinet ne répondait rien... Il avait peur; peur de la *Lanterne*, peur de Gery-Legrand, peur de tout.

Les bons collègues n'ont pas donné davantage de raisons à cet homme qui avait été cinq ou six fois président du conseil, qui croyait être bientôt Président de la République; ils l'ont débarqué purement et simplement, comme un pestiféré. Ils ont déposé ce cholérique dans son hôtel de la rue de la Faisanderie, comme ils l'auraient déposé dans une île déserte, et ils ont prié Burdeau de le soigner.

Jamais, dans l'histoire d'aucun pays, on n'a vu un épisode qui fasse mieux que celui-là toucher le fond de l'abjection humaine; jamais rien n'a été plus complet dans le cynisme et dans l'ignominie... Jamais on n'aurait rêvé pour des lâches, pour des hommes qui n'avaient d'énergie que contre les pauvres et les faibles. châtiment comparable à celui que leur a infligé la lâcheté de leurs pareils...

L'ANARCHIE

LA BOMBE DU PALAIS-BOURBON

10 décembre 18..

Il s'est trouvé encore un scélérat de plus, qui n'a rien compris aux enseignements que la Société nouvelle lui avait prodigués. On lui avait enseigné qu'il n'y a pas de Dieu, qu'il n'y a rien au delà de cette vie éphémère de la terre, que l'homme est, comme un chien, un assemblage de matières chimiques qui se désagrègent à un moment donné.

On lui avait dit que le vol méritait les plus hautes distinctions de la Légion d'honneur, quand il atteignait un chiffre considérable de millions. On lui avait montré des coquins qui avaient trafiqué cyniquement de leur mandat, rentrant triomphalement au Palais-Bourbon pour y faire des lois.

Les lois ainsi faites n'ont pas paru respectables

à cet homme insuffisamment intelligent. Toutes ces notions, un peu bizarres, se sont embrouillées dans la cervelle de cet être rudimentaire. Un choc s'est fait dans le chaos de cette tête et, hier, il jetait une bombe du haut d'une tribune.

Nous avons dit assez souvent ce que nous pensions de ces actes qui n'atteignent que des innocents, pour ne pas être obligé de nous répéter.

L'homme s'indignera et frémira toujours en nous devant l'horreur de tels spectacles. Le penseur est bien forcé de reconnaître qu'une Société qui, résolument et de parti pris, commet le crime sans nom d'enlever aux déshérités toute croyance et tout espoir, doit logiquement récolter la moisson infernale qu'elle a semée.

Je ne sais quel est celui qui a eu le premier la pensée de faire fermer toutes les grilles, afin que les complices de l'assassin ne puissent échapper. La pensée, en tout cas, était très heureuse. Tous les complices du lanceur de bombes étaient sous la main d'un procureur général qui aurait su faire son devoir.

Les complices, ai-je dit, j'ai eu tort. Les véritables auteurs du crime sont les misérables que l'Allemagne et l'Angleterre ont payés pour tuer tout idéal dans les âmes françaises, pour détruire cette foi au Christ, symbole du sacrifice, qui avait rendu les Français invincibles.

Les auteurs du crime sont ceux qui ont démoralisé et corrompu le pays en vendant cyniquement leurs votes

à tous les banquiers juifs, ce sont ceux qui, hier, insultaient grossièrement les Sœurs de Charité et qui, demain, feront cette conversion qui, dès à présent, garantit à Rothschild 250 millions de bénéfice.

Si l'homme que la France appelle sans se lasser,

si le libérateur qui représentera la Justice, armée de la Force, eût surgi tout à coup au milieu de cette Assemblée épouvantée, ce sont ces traîtres à la Patrie, ce sont ces corrupteurs de la conscience nationale qu'il aurait fait fusiller, séance tenante, dans la cour du Palais-Bourbon.

Il eût laissé toutes les grilles ouvertes afin que le peuple vît cette scène moralisatrice et ne fût plus tenté d'accomplir par en bas la Justice qu'on refuse d'accomplir par en haut...

Sans doute elle est aveugle cette Justice d'en bas, mais la puissance supérieure qui permet que ces choses arrivent semble y mêler des desseins de miséricorde et d'expiation.

Il ne nous déplaît pas, quant à nous, que ce soit l'abbé Lemire, le défenseur des exploités et des pauvres, qui ait été le premier frappé.

En juin 1848, Cavaignac, entouré de son état-major et sifflant déjà l'hallali, allait attaquer le faubourg Antoine. Il allait de sang-froid, et sans qu'un remords lui vînt au cœur, mitrailler ces ouvriers que, pendant dix-huit ans, son frère, Godefroy Cavaignac, avait embauchés, détournés de l'atelier, entraînés dans les sociétés secrètes, ces ouvriers jadis tranquilles dans leur famille dont son frère avait fait des émeutiers.

C'était le temps où les évêques étaient braves. On vit soudain Mgr Affre, que précédait un enfant agitant une branche de feuillage, franchir les lignes et aller parler aux insurgés. Ce n'était pas lui, remarquez-le bien, le saint vieillard, qui leur avait appris à faire des barricades. C'était le bourgeois révolutionnaire, c'était le frère de ce général qui faisait piaffer son cheval pour bien montrer qu'il était le chef et qu'il pouvait faire égorger les enfants du peuple par d'autres enfants du peuple.

Mgr Affre roula sous les balles, mais l'insurrection fut finie.

C'eût été une belle mort pour l'humble prêtre frappé à son banc de législateur, comme l'archevêque sur les pavés amoncelés. N'avait-il pas essayé, lui aussi, d'être un médiateur entre le peuple trompé et cette bande infâme de faux républicains qui n'ont vu dans la

République qu'une occasion de voler, de tripoter et de chéquer ?...

Une telle mort n'aurait peut-être pas été inutile. Tombée au banc des ministres, la bombe anarchiste n'aurait frappé que des criminels que personne n'aurait songé à plaindre. Tombée au banc où était un apôtre qui s'était fait le serviteur désintéressé du peuple, cette bombe frappait une de ces victimes noblement expiatoires dont le sang généreux et pur apaise parfois la colère de Dieu...

UN ANARCHISTE D'AUTREFOIS

11 décembre 1893.

L'attentat d'hier continue à exciter l'indignation générale, et la colère prend les plus calmes lorsqu'on songe à ces pauvres êtres qui étaient venus assister, par pure curiosité, à une séance de la Chambre et qui ont failli mourir d'une mort affreuse.

Que répondront les Anarchistes aux protestations de ceux qui leur reprochent de frapper des innocents? Ils répondront purement et simplement : « *Il n'y a pas d'innocents parmi les bourgeois.* »

Que pensez-vous de ce propos, mon cher Magnard, vous dont je lisais ce matin quelques lignes éloquentes qui réclament à grands cris des répressions inédites?

Vous trouvez ces paroles effroyables, impies, sauvages, antihumaines; ce sont, pour employer vos propres expressions, des théories d'hommes des cavernes. En ceci je suis de votre avis; mais, croyez-moi, ne vous livrez pas trop vivement à des protestations véhémentes. Ne blâmez pas trop durement cette déclaration de cannibales. Vous pourriez, en vous imaginant frapper sur des Anarchistes, atteindre un personnage auguste dans ses souvenirs de famille.

Il y a cent ans, la Bourgeoisie tenait absolument vis-à-vis des Aristocrates le langage que l'Anarchie tient aujourd'hui vis-à-vis des Bourgeois.

Il n'y a pas d'innocents parmi les bourgeois est la reproduction textuelle d'une phrase prononcée en 1793 : *Il n'y a pas d'innocents parmi les aristocrates.*

Quel est donc le Ravachol qui a prononcé cette phrase atroce? Ne cherchez pas longtemps, mon cher Magnard : c'est le grand-père du Président de la République actuelle, c'est le Carnot qui, plus heureux que Ravachol, a été le fondateur d'une dynastie républicaine qui a produit des députés, des ingénieurs des ponts et chaussées, des préfets, des substituts qui jouissent tous de l'estime générale, et qui ont tous du bien au soleil.

Lisez dans les *Mélanges* du général comte de

Ségur, l'historien de la campagne de Russie, qui fut membre de l'Académie française, un épisode de la vie du grand Carnot que je recommande à votre attention... Cette lecture permettra à ceux qui sont encore capables de penser, de faire plus d'une ré-

flexion utile sur la logique mystérieuse qui préside aux événements qui se passent sous nos yeux.

Il ne s'agit pas d'une de ces accusations que se lançaient des adversaires et qui figurent dans des pamphlets écrits spécialement pour la lutte.

« C'est, vous dit le comte de Ségur, le récit que m'a fait la comtesse de Ségur, née Vintimille, et je puis dire que je l'ai écrit sous sa dictée tant il est conforme à ses paroles. »

Ceux qui s'assimileront ces pages comprendront ce qu'a été réellement la Bourgeoisie tueuse de 93 dont les descendants, aujourd'hui nantis, confortablement installés à la place de l'Aristocratie expropriée par les grands-pères, ont maintenant des allures de bons apôtres et déclament contre les Anarchistes qui font simplement ce que les Terroristes ont fait.

Lisez donc ce récit, mais ne le lisez pas superficiellement, évoquez les êtres et les choses, autosuggestionnez-vous un peu pour avoir une impression directe, figurez-vous que c'est des vôtres et de vous qu'il s'agit...

Le thème est simple. Le maréchal de Lévis, gouverneur de l'Artois, était le type de ces grands seigneurs de la fin du dix-huitième siècle qui exerçaient de hautes fonctions avec une générosité princière et une véritable largeur d'esprit. Il était accessible à tous, dans une situation où la morgue eût été permise, puisqu'il recevait à sa table un petit officier d'artillerie comme Carnot et un avocat de mine chétive comme M. de Robespierre.

Le cyclone révolutionnaire se déchaîne. Le maréchal de Lévis était mort, mais ses deux filles, Mme de Vintimille et Mme de Bérenger, l'une âgée de vingt-quatre, l'autre de vingt-cinq ans, se cachent dans une cabane aux environs de Paris. De vieux serviteurs se chargent de mettre en sûreté les enfants qu'ils nourrissent de leur travail. Bientôt, les deux femmes sont arrêtées et incarcérées au Luxembourg.

Bourgeois opportunistes, ne vous rebutez pas de ces préliminaires. Transposez cette histoire et appliquez-la à vous-mêmes... Vous n'êtes point maréchal et duc, mais vous êtes les Aristocrates; vous avez un beau château, vous y avez invité à déjeuner un agent voyer, un agent d'affaires, un ancien sous-officier aigri des difficultés qu'il aura rencontrées, qui sont peut-être déjà acquis aux idées anarchistes et qui seront peut-être les Carnot et les Robespierre de demain.

L'orage qui gronde autour de nous éclate. Vos charmantes filles, mariées récemment, et qui versaient en souriant le café aux hôtes sous la verandah ou dans le salon, sont traquées, obligées de se cacher, enfin jetées en prison; les bébés sont emmenés par la bonne.

Je suis persuadé que ce récit, ainsi animé, vous intéresse déjà davantage, parce que vous vous dites que ce qui est arrivé à Mme de Vintimille, née Lévis, pourrait bien arriver à Mme Michu, née Durand.

Un matin, Mme de Vintimille et Mme de Bérenger sont transférées à la Conciergerie... C'est la mort, c'est le couteau tombant sur les cous blancs, faisant son horrible entaille dans les chairs jeunes.

Affolé, un vieux serviteur se souvient que Carnot a connu ces malheureuses, alors qu'elles étaient enfants, qu'il a été traité avec bonté par le père... Carnot est tout-puissant ; c'est un grand chef parmi les assassins, il siège au Comité de Salut public, entre Barrère et Collot d'Herbois. Un mot de lui, et ces femmes vivront...

Méditez chaque ligne de ce récit.

. . . .

Les deux domestiques revinrent, l'un dans une muette consternation, l'autre — ce fut Maisons — exalté d'une indignation dont toutes les paroles resteront à jamais gravées dans ma mémoire. Il ne nous répondit d'abord que par des exclamations : « Quel temps! Quels monstres! Tout est donc fini! »

Et comme nous l'entourions de nos pleurs qui l'interrogeaient : « Oui! oui! nous l'avons vu, quoi qu'il ait pu faire pour l'empêcher. Il était assis à son bureau. Citoyen Carnot, lui avons-nous dit, nous venons t'implorer pour trois femmes bien malheureuses : les citoyennes Lévis, Vintimille et Bérenger. Elles sont bien innocentes.

« — Il n'y a point d'innocentes parmi les aristocrates! nous a-t-il répondu brutalement, et elles sont femmes d'émigrés. » J'ai insisté : « Elles sont si jeunes : vingt-quatre et vingt-cinq ans! ai-je dit; et, d'ailleurs, la citoyenne Lévis est veuve, et les deux autres ont divorcé. Citoyen, tu te souviens sans doute les avoir vues à Arras? — Ah! oui, a-t-il répliqué avec amertume, à Arras! » Puis, l'entendant murmurer entre ses dents: « A Arras, oui! ce salon! Elles étaient bien fières alors! » J'ai repris: « Mon Dieu: non, jamais! Tu te seras mépris! Elles n'avaient que quinze ou seize ans, et leur mère était bien timide et un peu sourde. »

« Mais il avait pris un air distrait et ennuyé. Puis, avec un ton de dédain le plus repoussant, il a dit: — Laissez-moi! je ne puis rien pour elles! « Sur quoi, fondant en larmes, nous nous sommes écriés: — Ah! citoyen, n'auras-tu point pitié de cinq malheureux petits enfants qui seraient orphelins, abandonnés, et qui périraient dans la misère?

« Là-dessus, il a d'abord détourné la tête; il a souri dédaigneusement, haussant les épaules comme pour dire qu'il n'y aurait pas grand mal à cela! Et, tout à coup, sans quitter sa plume, il s'est levé tout en colère et, avec une voix menaçante:

« — Retirez-vous, citoyens! nous a-t-il crié, vous calomniez la République! Ces enfants ne périront pas! La République a des secours pour les indigents!

« Indignés d'une aussi odieuse réponse, mais plus

encore consternés d'avoir provoqué son emportement, nous nous sommes agenouillés; nous l'avons supplié; nous avons baigné ses pieds de nos larmes, mais sa colère en a augmenté; il n'en est devenu que plus brutal. Alors, j'en conviens, perdant tout espoir et toute prudence, et nous relevant, nous l'avons accablé de malédictions, appelant la vengeance du ciel sur sa tête, et il est d'abord resté muet et immobile. Mais bientôt, il nous a poussés rudement hors de sa chambre dont il a fermé violemment la porte. »

En achevant ce récit, Maisons nous prit les mains, et d'une voix solennelle avec un accent pénétré que j'entends encore :

« Pauvres enfants, a-t-il ajouté, n'oubliez jamais qu'il existe un homme que toute votre vie vous devez maudire! »

Le tribunal révolutionnaire envoya Mme de Vintimille et Mme de Bérenger à l'échafaud.

Un expression de terreur et de désespoir était répandue sur le visage de tous ceux qui nous entouraient; Julie, suffoquée de sanglots, était entrée chez nous, une dernière lettre à la main, commençant ainsi :

« Nous sommes contentes! Nous sommes heureuses! Nous mourrons ensemble! Mais nous pleurons nos pauvres enfants! »

Les larmes dont cette lettre était inondée l'avaient achevée.

Que dites-vous de ce mot : *Il n'y a pas d'innocentes parmi les aristocrates?*

Justiciæ Dei sunt rectæ. Le Bourgeois révolutionnaire qui a fait de la République sa chose, qui a corrompu le Peuple, pour mieux l'exploiter, trouve devant lui l'Anarchiste qui s'exprime absolument comme le Bourgeois de 89.

Les Anarchistes, sans doute, sont de grands coupables; mais quels exemples la Société leur a-t-elle donnés?

La Bourgeoisie jacobine n'a même pas eu assez de sens moral pour chercher à faire l'oubli autour des hommes qui, par leur grandiose scélératesse, avaient assuré le triomphe de leur caste; elle n'a point versé à flots l'eau lustrale pour effacer la trace des crimes de 93; elle a, au contraire, fait fumer l'encens devant l'image des coquins audacieux qui ont égorgé des milliers de créatures humaines; elle a élevé solennellement une statue à Danton, l'auteur de ces massacres de Septembre que jamais les attentats anarchistes ne dépasseront en horreur.

L'Église s'en mêle aujourd'hui. Pour obtenir de l'avancement, pour toucher un traitement plus élevé, pour avoir un ornement de plus à leur mitre, des évêques, représentants de Celui qui a dit : « Tu ne tueras pas », louent publiquement, comme Mʳ Lecot, Lazare Carnot le Terroriste. Un évêque louant ce Carnot qui, membre du Comité du Salut public, signa les décrets les plus infâmes, qui félicitait Joseph Lebon et qui encourageait Carrier, l'inventeur des Noyades de Nantes! Quel spectacle pour la conscience humaine!

Il est joli l'exemple que vous donnez d'en haut à ce monde d'en bas qui, désespéré de ne plus croire et furieux de ne pas jouir encore, s'agite en proie à toutes les haines, dévoré par toutes les convoitises... Les déshérités autrefois étaient encore des hommes qui se souvenaient d'avoir été créés à l'image de Dieu : vous en avez fait des fauves et vous vous étonnez niaisement de les entendre rugir.....

VAILLANT DEVANT LE JURY

5 janvier 1894.

C'est aujourd'hui que Vaillant comparaîtra devant le Jury, et je crois que vous devinez d'avance la sentence… Le verdict sera celui que vous rendriez vous-même : il sera ferme, il sera humain; il sera le verdict d'hommes qui ont assez lu, assez appris, assez pensé par eux-mêmes pour résister aux excitations des affolés.

Les Jurés puniront un attentat que personne n'excuse; ils jugeront aussi que, lorsqu'il s'agit de crimes se rattachant à la Politique, les spectacles qui se sont déroulés en France depuis cent ans ne sont pas faits pour donner à des cerveaux faibles une idée très nette du Bien et du Mal.

Je suis à l'aise pour tenir ce langage. Alors que, n'ayant pas un sou, je n'avais aucun intérêt direct à combattre la Révolution, j'ai attaqué violemment la Commune triomphante dans un journal qui s'appelait le *Bien Public*. J'ai parlé de Raoul Rigault comme je parle de Dubost ou de Thévenet; j'ai écrit mes articles à Paris et je les ai signés de mon nom. On voit que ce ne sont pas les antécédents d'un ennemi farouche de l'Ordre social.

Raoul Rigault a voulu me faire arrêter; il n'y a pas réussi et j'en suis heureux. S'il m'avait fait arrêter, j'aurais peut-être été fusillé avec les Otages, et c'est le cas de dire que j'en aurais eu un chagrin mortel... Je n'aurais pas eu la joie de voir d'anciens Communards, qu'on poursuivait en juin et juillet 1871 comme des bêtes enragées, devenir, comme M. Barrère, commandeur de la Légion d'honneur et ambassadeur de France.

M. Alphonse Humbert, avec lequel j'ai eu le plaisir de dîner et qui m'a paru un homme tout à fait charmant, doit s'applaudir également que les juges des Conseils de guerre aient été accessibles à l'indulgence. On s'est contenté de l'envoyer au bagne pour avoir collaboré au *Père Duchêne* qui était le *Père Peinard* de l'époque.

Vingt ans après, c'était l'ancien condamné aux Travaux forcés à perpétuité qui saluait la Russie au nom de la Grande Capitale. C'était lui qui recevait l'amiral Avellan, comme Président du Conseil municipal et qui, assis aux côtés de l'envoyé d'un autocrate, escorté par des cuirassiers, traversait, au milieu des vivats, ce Paris que la Commune avait incendié !

Ces vicissitudes éveillent des sentiments divers chez les hommes d'intelligence et de cœur. Elles témoignent qu'un pays, qui voit se succéder toutes ces péripéties, est privé pour longtemps du calme que donnent des institutions stables et des principes admis par tous; elles inclinent aussi les natures élevées vers cette clémence dont les représentants de toutes les causes ont eu besoin tour à tour.

Athènes, comme toutes les cités libres, connut ces orages, mais le généreux génie de l'Arye défendit toujours, même dans l'horreur des combats civils, de voiler l'autel de la Pitié...

C'est en ceci que ces ducs, ces comtes, ces marquis, ces bourgeois millionnaires de la Droite, qui se sont unis aux plus vils Opportunistes pour voter des lois de proscription, ont manifesté la bassesse d'âmes à la fois ignominieuses et féroces. Ont-ils donc oublié que les leurs avaient, eux aussi, donné le mauvais exemple aux foules, qu'ils avaient publiquement honoré des hommes qui, s'ils étaient grands par le courage, ne brillaient pas précisément par le respect de la vie humaine?

N'était-ce pas à une « Apologie d'un fait qualifié crime » que le Roi de France se livrait, lorsqu'il accordait des lettres de noblesse aux descendants de Cadoudal, guillotiné pour avoir tenté d'assassiner Bonaparte?

Après tout, ceux que visait Cadoudal, ceux que frappaient les amis de Cadoudal, les Saint-Réjant, les Limoelan et les Cambon valaient bien ceux qu'on menace aujourd'hui ; ils avaient peut-être rendu autant de services à la France... Bonaparte n'avait pas été à Panama, mais lorsque les Royalistes essayaient de l'assassiner, il revenait des Pyramides... S'ils n'avaient pas touché chez Reinach, les grenadiers à cheval de la garde consulaire, qui tombèrent mitraillés rue Saint-Nicaise, avaient chargé à Marengo...

Quand un parti compte de telles pages dans son histoire, quand il s'en est enorgueilli pendant si longtemps, il devrait avoir l'indignation moins bruyante et la pitié plus facile. Si Bonaparte avait été aussi implacable que les grands seigneurs de la Droite; si, jeune et amoureux, il ne s'était pas laissé attendrir par Joséphine qui était irrésistible dans les scènes de larmes, le duc de Polignac et le duc de Rivière, condamnés à mort pour tentative d'assassinat, auraient été guillotinés.

Les Jurés, fort heureusement, ne sont ni ducs ni marquis; il n'y a parmi eux qu'un baron et encore, vous savez, c'est un baron pour rire. Quoi qu'en dise Cassagnac, il s'arrangera, d'ailleurs, pour ne pas siéger, afin de laisser la responsabilité aux pauvres diables qui ont des femmes et des enfants.

Les Jurés, encore une fois, jugeront avec une sorte de philosophie pratique et large à la fois, qui mêle à la réprobation énergique d'actes coupables, au désir très légitime de protéger la sécurité de tous, la compréhension humaine de certains états d'esprit. Si ces braves gens punissent dans Vaillant un ennemi de la Société, ils verront aussi en lui un enfant de cette Société, généré par elle, formé ou plutôt déformé par elle, imprégné par elle de tous les sophismes et de toutes les déclamations qui sont dans l'air depuis cent ans, démoralisé par le spectacle de l'impunité de grands coupables, désorienté en voyant victorieux et acclamés le len-

demain des hommes que la veille on traquait pour les fusiller le long des murs.

Tant que les amis de nos Droitiers n'auront pas réussi à chasser le Christ du Prétoire comme on l'a chassé de l'École, il ne faut désespérer ni de la Miséricorde ni de la Justice. L'émouvante et douloureuse image du divin Crucifié inspire presque toujours heureusement des hommes qui, n'étant pas magistrats, ne sont pas blasés sur la redoutable mission de juger d'autres hommes.

Celui-là, en effet, c'est le seul Juge, c'est celui qui viendra juger les vivants et les morts, alors que les aigles se rassembleront des quatre coins de l'horizon, quand les étoiles tomberont et que les vertus des cieux seront ébranlées.

Sans doute, le Christ n'a prononcé que des paroles d'amour et de paix; imaginez, cependant, que, dans la nuit de la Saint-Sylvestre, il fût venu faire un tour sur la terre, ainsi que se plaisaient à le croire les naïfs Chrétiens du Moyen Age, il aurait été très probablement arrêté dans la rafle du 1ᵉʳ janvier. Qui ne sait, en effet, qu'au lieu de fréquenter des gens très bien comme le duc de Doudeauville, le baron de Mackau et Magnard, l'ami des pauvres et des déshérités se plaisait dans la société de bateliers et de pêcheurs qui, par leurs allures, ressemblaient étrangement aux Anarchistes d'aujourd'hui.

Il a été immolé par un *consortium* de Pharisiens et de coquins qui a bien des analogies avec le syndicat des Droitiers, des Opportunistes, des Chéquards et des Banquiers juifs, qui nous gouverne aujourd'hui. Il a voulu qu'il en fût ainsi et, en réalité, s'il est permis encore de se souvenir de l'Évangile, le Maître du ciel et de la terre, celui devant lequel nous nous prosternons chaque jour avec un cœur repentant et humble, est mort du supplice des esclaves; il a été crucifié, comme un malfaiteur public, entre Ravachol et Mandrin...

S. EXC. LE DUC DE RAVACHOL

GRAND-CROIX DE LA LÉGION D'HONNEUR

10 janvier 1891.

Voici qu'un de mes excellents confrères de la Presse de province, M. Jean Lavigne, me reproche, dans le *Journal de Saône-et-Loire*, d'être devenu anarchiste — ce qui n'est véritablement pas le moment.

J'avoue que ce qui m'a le plus intéressé dans mes lectures d'aujourd'hui est un *block-notes* du *Gaulois* sur la famille de Fouché.

Fouché fut un des plus implacables proscripteurs de la Terreur; il commit à Nantes, à Nevers, et surtout à Lyon, des crimes qui feraient frémir d'horreur l'ombre de Ravachol; il présida à des massacres qui laissent bien loin derrière eux les fêtes de la Grande-Coutume et exciteraient l'indignation des Féticheurs même de Behanzin...

Le comte de Martel a raconté toutes ces choses, ou plutôt, il les a fait raconter par Fouché lui-même, car le comte de Martel ne raconte presque rien : il tire des Archives des pièces qui ressuscitent soudainement une époque, qui éveillent des mondes de pensées.

Figurez-vous un Anarchiste affolé par la misère, surexcité par le spectacle des iniquités actuelles, poussant jusqu'à la démence la haine de la Société présente et élaborant, dans le délire et dans la souffrance, un plan de destruction idéal. Lisez ensuite l'histoire du Proconsulat de Fouché à Lyon, et vous verrez ce rêve monstrueux réalisé.

L'entraînement n'eut aucune part à ces atrocités ; elles avaient été décidées froidement par le Comité de Salut public, dont le plus bel ornement, on le sait, était Carnot, le grand-père du Président de la République.

La Convention, après avoir entendu le rapport du Comité de Salut public, avait décrété ce qui suit le 21, 1er mois de l'an II :

Article 1er. — Il sera nommé, par la Convention nationale, sur la proposition du Comité de Salut public,

S. EXC. LE DUC DE RAVACHOL 127

une Commission extraordinaire composée de cinq membres, pour faire punir militairement et sans délai les contre-révolutionnaires.

. . . .

Art. 3. — La ville de Lyon sera détruite. Tout ce qui fut habité par les riches sera démoli.

Il ne restera que la maison du pauvre, les habitations des patriotes égorgés ou proscrits, les édifices employés spécialement à l'Industrie et les monuments consacrés à l'Humanité et à l'Instruction publique.

Art. 4. — Le nom de Lyon sera effacé du tableau des villes de la République.

La réunion des maisons conservées portera le nom de *Ville-Affranchie*.

Les Représentants en mission, Collot d'Herbois et Fouché, s'occupèrent activement de mettre à exécution ce décret de sauvages. Ils écrivaient à la Convention à la date du 2 frimaire an II :

Citoyens collègues, nous poursuivons notre mission avec l'énergie de Républicains qui ont le sentiment profond de leur caractère ; nous ne le déposerons point, nous ne descendrons pas de la hauteur où le Peuple nous a placés, pour nous occuper des misérables intérêts de quelques hommes plus ou moins coupables envers la Patrie.

Nous avons éloigné de nous tous ces individus, parce que nous n'avons pas de temps à perdre, point de faveurs à accorder ; nous ne devons voir et nous ne voyons que la République, que vos décrets qui nous commandent de donner un grand exemple, une leçon éclatante ; nous n'écoutons que le cri du Peuple, qui veut que tout le sang des Patriotes soit vengé une fois d'une manière éclatante et terrible, pour que l'Humanité n'ait plus à pleurer de le voir couler de nouveau.

Convaincus qu'il n'y a d'innocent dans cette infâme cité que ce qui fut opprimé ou chargé de fers par les assassins du Peuple, nous sommes en défiance contre les larmes du repentir ; rien ne peut désarmer notre sévérité.

Ils l'ont bien senti ceux qui cherchent à vous surprendre, ceux qui viennent de vous arracher un décret de sursis en faveur d'un détenu : nous sommes sur les lieux, vous nous avez investis de votre confiance et nous n'avons pas été consultés.

Nous devons vous le dire, Citoyens collègues, l'indulgence est une faiblesse dangereuse, propre à rallumer les espérances criminelles au moment où il faut les détruire.

On n'ose pas encore vous demander le rapport de votre décret sur l'anéantissement de la ville de Lyon, mais on n'a presque rien fait encore pour l'exécuter. Les démolitions sont trop lentes. *Il faut des moyens plus rapides à l'impatience républicaine. L'explosion de la mine et l'activité décorante de la flamme peuvent seules exprimer la toute-puissance du Peuple; sa volonté ne peut être arrêtée comme celle des tyrans, elle doit avoir l'effet du tonnerre.*

COLLOT D'HERBOIS, FOUCHÉ.

La proclamation, placardée dans la ville par les autorités établies par les Représentants du Peuple, soulignait encore le caractère très nettement anarchiste de toutes ces mesures : la guerre déclarée à tous les riches sans exception.

Votre premier devoir, ô Patriotes, si vous méritez ce nom, c'est de *dénoncer les Jurés et les Juges par qui les martyrs de notre cause ont péri;* dans les circonstances où nous sommes, le Patriotisme ne serait pas satisfait si les dénonciations connaissaient quelque borne et quelque ménagement. Eh! quels hommes, hors de cette enceinte, peuvent être épargnés!

Vouez donc, vouez au dernier supplice tous ceux qui composèrent vos autorités constituées, depuis le jour de votre oppression; vouez à la mort tous ceux qui portèrent les armes contre la Liberté. Dénoncez... dénoncez les RICHES et ceux qui recèlent leurs effets... dénoncez les prêtres, les gens de loi... dénoncez... oui, *dénoncer son père est une vertu d'obligation pour un Républicain.*

Et que faites-vous, pusillanimes ouvriers, dans ces travaux de l'industrie où l'opulence vous tient avilis? Sortez de cette servitude pour en demander raison au riche qui vous y comprime avec des biens dont il est le ravisseur, et qui sont le patrimoine même des Sans-culottes. Renversez la fortune, renversez les édifices, les débris nous appartiennent; c'est par là que vous vous éleverez à cette égalité sublime, base de la vraie liberté, principe de vigueur chez un peuple guerrier à qui le commerce et les arts doivent être inutiles.

En quelques jours, le Tribunal révolutionnaire fit fusiller 1.684 personnes. Un cri d'horreur s'éleva et Fouché, toujours flanqué de son acolyte, Collot d'Herbois, fit afficher, le 15 frimaire an II, cette proclamation que n'aurait peut-être pas signée Ravachol :

On effraye votre imagination de quelques décombres, de quelques cadavres qui n'étaient plus dans l'ordre de la nature et qui vont y rentrer; on l'embrase à la flamme d'une maison incendiée, parce qu'on craint qu'elle ne s'allume au feu de la Liberté.

Républicains, quelques destructions individuelles, quelques ruines ne doivent pas être aperçues de celui qui, dans la Révolution, ne voit que l'affranchissement des Peuples de la terre et le bonheur universel de la postérité. De faibles rayons s'éclipsent devant l'astre du jour.

Eh! n'est-ce pas sur les ruines de tout ce que le vice et le crime avaient élevé que nous devons établir la prospérité générale? N'est-ce pas sur les débris de la Monarchie que nous avons fondé la République? N'est-ce pas avec les débris de l'erreur et de la superstition que nous formons des autels à la Raison et à la Philosophie? N'est-ce pas également avec les ruines, avec les destructions des édifices de l'orgueil et de la cupidité que nous devons élever aux amis de l'Égalité, à tous ceux qui auront bien servi la cause de la Liberté, aux braves guerriers retirés des combats, d'humbles demeures pour le repos de leur vieillesse ou de leurs malheurs? N'est-ce pas sur les cendres des ennemis du Peuple, de ses assassins, de tout ce qu'il y a d'impur, qu'il faut établir l'harmonie sociale, la paix et la félicité publiques?

Les Représentants du Peuple resteront impassibles dans l'accomplissement de la mission qui leur a été confiée; le Peuple leur a mis entre les mains le tonnerre de sa vengeance, il ne le quitteront que lorsque tous ses ennemis seront foudroyés; ils auront le courage énergique de traverser les immenses tombeaux des Conspirateurs et de marcher sur des ruines, pour arriver au bonheur des nations et à la régénération du monde.

15 frimaire an II.

COLLOT D'HERBOIS, FOUCHÉ,
LAPORTE, ALBITTE.

Ces faits ne sont point des crimes isolés, des attentats partiels : ils font partie de ce que M. Clémenceau, avec une franchise qui l'honore, a appelé un *bloc*, un *bloc* auquel on ne peut pas toucher.

La réprobation s'est-elle attachée à Fouché lui-même? A-t-il laissé un nom maudit? A-t-il vu toutes les familles honnêtes repousser l'alliance des siens?

Le *block-notes* du *Gaulois* nous renseigne sur ce point.

La fille née du premier mariage de Fouché avec Mlle Cuignaud épousa, sous la Restauration, le comte de Thermes, gentilhomme attaché à la Cour.

Retirée en son château de Villette, près de Vaux-Saint-Germain, la comtesse de Thermes mourut en laissant une fille qui, elle-même est mère de deux filles : Mme la comtesse Emeric de Saint-Roman et Mlle Henriette de Castelbajac.

Les trois frères de la comtesse de Thermes, Joseph, Armand et Athanase, portèrent successivement, après la mort de leur père, le titre de duc d'Otrante.

L'aîné, Joseph, nous apprend le *Gaulois*, épousa Mlle de Sussy, fille du directeur des Monnaies, ce qui l'apparenta avec les familles de Loys, d'Estournel et de Saint-Aulaire. Sa femme fut la belle duchesse d'Otrante, si admirée à la Cour de Louis-Philippe, et qui légua un prix de vertu à l'Académie française. Il mourut à Paris, en 1862, sans enfant.

Son frère cadet, Armand, qui hérita du titre de duc d'Otrante, était allé s'établir depuis quelque temps déjà, avec le troisième frère, Athanase, en Suède, où il s'associa à la fortune de Bernadotte. Il mourut en 1838, après avoir occupé les fonctions de major dans l'armée suédoise. Ce deuxième fils de Fouché ne s'était jamais marié. Le dernier fils, Athanase, devint donc par la mort de son frère quatrième duc d'Otrante, et fut successivement aide de camp de Charles XIV, roi de Suède et de Norvège (Bernadotte), et de son fils Oscar I".

Il contracta trois unions : la première, d'une très courte durée, avec une Suédoise, Mlle Palmstjerma; la seconde avec Mlle Von Stedinjk, dont il eut deux enfants : Gustave, actuellement cinquième duc d'Otrante, et une fille, Pauline, mariée au comte Thure de Bielke; la troisième avec Mlle Ironika Mary, dont il eut un fils, Paul, comte d'Otrante.

La descendance du célèbre ministre de la Police sous l'Empire est donc représentée, à l'heure actuelle, par deux branches : l'une issue du troisième fils de Fouché, et l'autre de sa fille, la comtesse de Thermes. Cette dernière branche est représentée, comme nous l'avons dit, par Mme de Castelbajac, dont une des deux filles a épousé le vicomte de Saint-Roman, commandant au 156ᵉ régiment de ligne.

La première branche est représentée, en première ligne, par le duc d'Otrante actuel, et, en deuxième ligne, par son frère consanguin Paul, comte d'Otrante. Le duc est maintenant le premier écuyer du roi Oscar II.

Il a épousé en premières noces la baronne Boude, morte en 1872, et en secondes noces la baronne Stedingk, dame d'honneur de la princesse de Galles, dont il a une fille et un fils, le futur duc d'Otrante. La sœur du duc, Pauline d'Otrante, a plusieurs enfants de son mariage avec le comte Thure de Bielke.

Fouché se maria une seconde fois en juillet 1815. Il épousa Mlle de Castellane.

Le Tueur de 93 était alors duc d'Otrante, ministre-secrétaire d'État au département de la Police générale, grand-croix des Ordres de la Légion d'honneur, de Léopold d'Autriche et de Wurtemberg. Le roi Louis XVIII signa à son contrat de mariage. Il avait été, sous l'Empire, ministre de la Police générale, gouverneur de l'Illyrie, gouverneur de Rome, titu‑

laire de la sénatorerie d'Aix-en-Provence, avec une dotation considérable. C'est là qu'il avait fait la connaissance de celle qui devait devenir la seconde duchesse d'Otrante.

Le roi de France signant au contrat de mariage de l'homme qui avait voté la mort de son frère à lui, Louis XVIII, qui avait mis sous le couperet de la guillotine le débonnaire Louis XVI qui n'avait jamais fait de mal à personne!

Qu'en pense mon confrère Jean Lavigne qui a intitulé l'article qu'il me consacre : *C'est trop fort?* Qu'en pensent nos amis de là-bas qui, paraît-il, sont furieux contre moi, parce que je n'ai pas demandé qu'on étripe Vaillant?

A mes yeux, un pays qui a donné de tels exemples, un pays qui a glorifié les bandits qui ont commis de semblables forfaits, n'a plus le droit de se montrer impitoyable envers personne.

Ne condamnez pas Vaillant à mort, messieurs les jurés! Vous avez déjà vu M. Humbert, condamné jadis aux Travaux forcés à perpétuité, recevoir l'amiral Avellan comme Président du Conseil municipal de Paris; vous verrez peut-être, dans quelques années, Vaillant épouser, dans la chapelle de la Nonciature, une parente du duc de Doudeauville, et avoir Rothschild et Tournadre comme témoins...

LA PETITE SIDONIE

12 janvier 1894.

Je crois qu'il ne faut pas s'alarmer outre mesure des bruits qui ont couru sur une prétendue défaillance de Deibler. En admettant que Deibler manquât à sa tâche, il se présenterait un nouveau Mordaunt, un bourreau volontaire qui opérerait sous le masque. Si Vaillant, dans la chambre de la toilette, avait la pensée de l'interroger, l'exécuteur mystérieux soulèverait une minute son masque et répondrait : « Je suis un ancien fonctionnaire de la Commune, j'ai contribué à faire fusiller les Otages et à incendier Paris et, maintenant, je suis officier de la Légion d'honneur. »

A défaut d'un ancien Communard, il se trouverait certainement un des rédacteurs de ces journaux du boulevard qui ont considérablement aidé à pourrir le pays et qui mêlent agréablement, dans leur âme de vrais Romains de la décadence, la volupté du sang et l'amour des spectacles érotiques.

Le verdict du jury a rempli la Presse de satisfaction. Magnard en témoigne son allégresse, et Cornély qui, dans l'ordinaire de la vie, est bon garçon et même jovial, tient à constater que « le Jury, en se montrant sans pitié, a condamné le Gouvernement à être sans pitié, lui aussi ».

Étant un adversaire déterminé des théories anarchistes, nous ne commettrons pas ces usurpations de fonctions, qui sont une des formes de l'Anarchie, et nous n'empiéterons pas sur les attributions de l'exécuteur des hautes œuvres. Nous resterons dans notre belle fonction d'écrivain, qui consiste à flétrir les crimes, à réclamer la miséricorde pour ceux qu'une Justice implacable a frappés et à mettre en relief l'enseignement qui se dégage des faits qui s'accomplissent devant nous.

Comme le Panama, dans un autre ordre, le procès Vaillant a été un microcosme qui a résumé et mis en présence brusquement tous les éléments, toutes les puissances, toutes les actions, toutes les passions qui se disputent la Société contemporaine.

En face du Parlement, représentant fidèle de la Bourgeoisie triomphante, s'est dressé le Révolutionnaire moderne, tel que l'éducation actuelle l'a fait, ayant lu Buchner, Darwin et Spencer, ne croyant plus qu'à la matière... et gagnant 20 francs par semaine.

Pour que le contraste fût complet, devant le prolétaire français impuissant à nourrir les siens, a surgi un instant, comme par une mystérieuse logique des choses, le Juif allemand qui a trouvé moyen, en moins de cent ans, de ramasser sur la terre de France une gerbe d'or de trois milliards.

On peut même dire que si la tête de l'ouvrier tombe, c'est parce que M⁰ Labori, obéissant à je ne sais quelle influence, a récusé le baron de Rothschild.

Le verdict, parait-il, n'a été rendu qu'à une très faible majorité. Si le baron Gustave de Rothschild eût siégé, il est vraisemblable qu'effrayé de la responsabilité qui pesait sur un homme aussi en évidence que lui, il eût incliné vers l'indulgence. Un peu endommagé dans sa moelle épinière, le baron Gustave, d'ailleurs, est plutôt un être de plaisir qu'un être de férocité.

Il suffit d'avoir vu le geste pieux, le mouvement de vénération profonde avec lequel le greffier recueillit le parapluie du baron Alphonse, lorsqu'il comparut comme témoin dans le procès Burdeau, pour deviner l'effet qu'aurait produit sur les Jurés un seul mot dit par Rothschild. Le greffier du procès Burdeau, en se frôlant contre Rothschild, avait comme l'idée qu'il se dorait à ce contact. Les Jurés auraient eu la même impression. M° Labori a-t-il cru bien faire? A-t-il été entraîné simplement par la camaraderie professionnelle et voulu être agréable à un confrère, ami ou conseil des Rothschild, qui lui aura dit : « Vous seriez bien aimable de débarrasser le baron de cet ennui? » Ce qui est incontestable, c'est qu'en cherchant à épargner une corvée pénible au baron Gustave, M° Labori a contribué à en imposer une autrement cruelle au malheureux Vaillant...

Quoi qu'il en soit, le verdict est rendu et je crains bien que les journalistes conservateurs et opportunistes, fraternellement unis dans cette circonstance, n'aient la fête sanglante à laquelle ils aspirent. Le programme n'a point changé depuis le temps où Hégésippe Moreau nous montrait l'exécution d'Alibaud, l'ami de Grévy :

> Dans le brouillard épais déchiré par les sabres
> On voit, comme on en voit dans les danses macabres,
> Passer des ombres à cheval.

Place de la Roquette.

Vaillant, réveillé comme Alibaud, repassera, dans une vision rapide, le chemin qu'il a parcouru, mais sa vie lui apparaîtra autrement compliquée que celle d'Alibaud : c'est le Progrès... Que de choses, en effet, dans cette existence d'ouvrier qui compte à peine trente-deux ans : les misères de l'enfant naturel, les condamnations pour des peccadilles, les voyages dans l'Amérique du Sud, les espérances, les rêves, les lectures troublantes et corruptrices, le passage dans le monde des Politiciens socialistes, la haine prenant possession du cœur et bientôt la tentation du crime entrant derrière la haine, l'hésitation suprême, le dernier cri de la conscience, l'attentat, l'échafaud... « Justice est faite... »

Ce jour-là, une pauvre fillette de dix ans, réveillée elle aussi dès l'aube par un lugubre pressentiment, pleurera dans la chambrette de Choisy-le-Roi. Elle, c'est l'épave humaine qui flotte au milieu de toutes ces tempêtes. Quelle horreur que cette entrée dans la vie et quelles idées doivent se heurter confusément dans cette petite cervelle!

La Société ne pourrait-elle pas s'occuper un peu de cette innocente de dix ans qui ne sait plus où est sa vraie mère et qui n'a plus à manger chez sa fausse mère? Les conservateurs, si heureux de s'allier aux Terroristes enrichis et si implacables pour les Terroristes sans pain, ne pourraient-ils pas s'intéresser à cette mignonne créature dont le père va finir guillotiné?

Jadis, le duc de Doudeauville s'honora en déclarant, en pleine Chambre, qu'il adoptait la fille d'un Fédéré; maintenant que les Communards sont tous décorés et nantis, ne pourraient-ils pas adopter la fille d'un Anarchiste?

Que le duc de Doudeauville ne consulte pas ces Droitiers féroces, qui lèchent aujourd'hui les bottes des Francs-Maçons et des Juifs, et qui sont l'objet du mépris de tous les partis! Qu'il consulte plutôt l'abbé Lemire, qui nous a écrit une si noble lettre à propos de Vaillant, et je suis sûr que ce prêtre au cœur eucharistique, ce vrai prêtre selon Jésus-Christ, lui dira que nous avons raison...

L'AMOUR LIBRE

16 janvier 1891.

J'ai goûté, ce matin, un plaisir intellectuel considérable à la lecture du *Gaulois*. Le journal d'Arthur Meyer s'est élevé avec indignation, au nom de la morale outragée, contre la permission accordée à Vaillant de voir la femme avec laquelle il vivait.

Ce serait dommage de ne pas citer :

Il vient de se passer un petit fait qui montre, mieux que les plus grands discours, l'Anarchie qui règne dans le Gouvernement, dans les idées et dans les mœurs.

Le gouvernement a autorisé la femme Marchal, femme adultère et maîtresse de Vaillant, à voir dans sa prison Vaillant, mari adultère lui-même, et à lui amener sa fille légitime à lui, Vaillant. Est-ce que la loi civile, aujourd'hui, légitimerait l'adultère et protégerait l'amant et la maîtresse contre le mari et la femme?

Avouez que ceci, écrit dans le journal de l'ancien secrétaire de Blanche d'Antigny, est d'une belle audace dans l'hypocrisie ! Quand l'inconscience dans le cynisme va aussi loin, elle touche presque au sublime.

Cette protestation est énorme, surtout pour ceux qui connaissent la vie de Paris, les mille choses que l'on se raconte et que l'on n'écrit pas, les photographies montrées dans certains procès en divorce tout récents.

Le Tout-Paris mondain, dont Arthur Meyer s'est constitué le complaisant historiographe ou plutôt le perpétuel panégyriste, vit, en réalité, dans l'adultère permanent. Les liaisons, les attachements y sont, non seulement tolérés, mais acceptés de tous. Une maîtresse de maison bien apprise sait toujours que Mᵐᵉ X... est avec M. un Tel, et elle invite toujours les deux amants en même temps. Les ruptures et les nouvelles amours alimentent la chronique des salons; on discute pour savoir qui a tort ou raison, et on console l'abandonnée en attendant qu'elle se console elle-même.

Je parle ici des délicats et des honnêtes. Arthur Meyer, qui est l'homme le mieux informé de Paris, n'aurait qu'à se frapper le front pour vous dire de mémoire le nombre exact des grandes dames qui sont entretenues par des Juifs et des banquiers.

Chacun les nomme à haute voix, et personne n'ignore comment des femmes qui n'ont pas quinze mille francs de rente arrivent à en dépenser cent mille tous les ans.

Mᵐᵉ de Moraines, l'héroïne de Bourget, résume d'innombrables figures féminines dont tout le monde connaît l'énigme. Arthur Meyer peut, d'ailleurs, demander à Gyp quel est le personnage principal de ce *Journal d'un philosophe* qui va paraître dans quelques jours. Ce ménage à trois que subventionne le frère d'un prince d'Israël est plus connu que le loup blanc.

Évidemment, ce monde-là, quelque bruit qu'il fasse et quelque agitation qu'il se donne, ne personnifie pas absolument la haute Société française, et l'on a pu me faire avec quelque

raison le reproche de généraliser un peu trop.

On rencontre encore en province, et même à Paris, force braves gens qui vivent selon les mœurs chrétiennes. Abêtis longtemps par la lecture des journaux conservateurs rédigés par des boulevardiers et des Juifs, ces vrais Français commencent à réfléchir sur tout ce que nous leur avons dit. Ils n'en causent pas avec leur évêque quand il est Opportuniste, mais ils s'en entretiennent avec quelque digne prêtre de campagne ou quelque religieux qui aime la France et Jésus-Christ. Ils sentent bien que rien ne peut empêcher le cataclysme imminent, mais ils se disent aussi qu'après le cyclone il sera possible aux natifs de se grouper pour reconstituer une vraie France, d'où seront rigoureusement éliminés les éléments dissolvants : les Juifs et les Cosmopolites.

Il n'en est pas moins vrai qu'à Paris l'amour libre est universellement accepté, admis même par ceux qui ne le pratiquent pas. Le substitut Bulot, le représentant de la Société, faisait preuve au moins de franchise lorsqu'il prononçait, avant-hier, devant le président Caze, — qui faisait un nez! — ces paroles extraordinaires : « *Je ne m'élève pas contre l'amour libre, je n'y vois aucun mal; je tiens à être de mon temps.* »

Il faut, encore une fois, que M. Arthur Meyer ait un rude aplomb pour laisser passer, dans un journal comme le *Gaulois*, une phrase comme celle que nous avons citée.

Il existait un officier général, un de ceux qui doivent donner l'exemple, qui avait pour compagne légitime la plus irréprochable des femmes; il avait d'elle deux grandes filles que leur mère élevait admirablement, comme elle avait été élevée elle-même.

Un jour, cet homme abandonna la mère de ses enfants, l'amie de ses heures de jeunesse et de pauvreté, pour aller vivre dans un double adultère avec une baronne mariée elle-même.

Que croyez-vous qu'ait dit Meyer? Que croyez-vous qu'ait dit le *Gaulois*? Que croyez-vous qu'ait dit le comte de Paris, bon époux et bon père? Que croyez-vous qu'aient dit ces Droitiers, tous fervents catholiques et à cheval sur les principes?

Ils ont pensé que cet adultère avait précisément toutes les qualités morales pour gouverner la France. Ils ont versé à cet homme douze millions pour arriver à ce résultat. Ils ont sollicité l'investiture de ce parangon de vertu; ils se sont disputé l'honneur de figurer sur ses listes. Les meilleurs, comme de Mun et Piou, ont fait partie du comité de la bourse de la duchesse d'Uzès, comité destiné à faciliter l'avènement de ce champion de la moralité.

13.

Cette histoire, qui ressemble par tant de points à un roman, est d'hier. La situation du général Boulanger était exactement la même que celle de Vaillant, avec cette différence que le général avait eu une fille de la baronne de Bonnemain. C'est un fait très peu connu, je crois, et que prouve jusqu'à l'évidence une curieuse lettre de la baronne que j'ai entre les mains.

Personne n'ignorait cet état de choses. La duchesse d'Uzès, qui recevait chez elle la baronne de Bonnemain, savait très bien qu'elle recevait une adultère. Les députés qui allaient délibérer à Bruxelles ou à Jersey avec Boulanger déjeunaient, après la délibération, à une table présidée par Mme de Bonnemain.

Sans doute, nous comprenons que des journaux comme l'*Univers* qui, en cinquante ans, n'ont pas inséré une ligne qui pût corrompre un être humain ou lui donner même des pensées mauvaises, aient le droit d'être sévères et de rappeler les droits de l'Église sur le mariage. Mais, franchement, ce droit appartient-il à des journalistes boulevardiers et juifs, qui font partie de cette troupe d'amuseurs publics, d'histrions et de bateleurs qui ont contribué pour une large part à pourrir les classes dirigeantes d'abord et les classes populaires ensuite?

Nous avons plus que personne le respect de cette institution du mariage, sans laquelle il n'y a pas de Société possible; mais nous détestons, par-dessus tout, l'hypocrisie, l'imposture et le mensonge.

Devant le commandement de Dieu qui défend l'adultère, il n'y a qu'un amour libre, un amour coupable. Pour M. Arthur Meyer et ses amis de la Droite, il paraît qu'il y a deux amours libres, et cela serait vrai s'il fallait juger d'après les apparences.

Il y a un amour libre vêtu de velours et de soie; il a des dessous dignes d'être décrits par Bourget; il laisse, avec un sourire, flotter un jupon brodé sur un pied aristocratique; il agite un mouchoir de fine dentelle marqué d'un tortil de baronne et il s'en dégage un parfum pénétrant et suave, le parfum qui plaît à l'homme qu'on aime.

Devant cet amour libre-là, les Mackau, les de Mun, les Piou, Meyer lui-même — si austère — oublient volontiers que le mariage est un sacrement et ils sont indulgents devant cette évocation des amoureuses royales du passé.

Il y a un amour libre qui est infiniment moins séduisant d'aspect. Incarné dans Mᵐᵉ Marchal, il se présente sous les traits d'une plébéienne couverte d'un jupon crotté, ahurie par le drame auquel elle se trouve inopinément mêlée, sourde comme un pot, portant un vieux sac dans lequel j'ai mis les bonbons de Sidonie, et tendant la tête vers ceux qui lui parlent avec le mouvement inquiet et pénible à regarder des sourds. Cet amour-là ne serait pas chanté par Anacréon et il n'inspirerait pas Faublas;

L'avenue de Choisy.

il traîne après lui une fillette de dix ans, qui foule les cinq pavés tragiques de la place de la Roquette sans se douter que c'est là qu'on montera bientôt la guillotine pour son père.

Devant cet amour-là, nous sommes pris par l'angoisse et nous songeons à tout ce que contient de fatalités et de tristesses la vie de certaines créatures humaines. Les Catholiques de la Chambre ne pensent pas ainsi; ils applaudissent le Juif qui ramasse, pour les jeter à la compagne de Vaillant, les pierres dont les Pharisiens de Jérusalem voulaient lapider la femme adultère à laquelle Notre-Seigneur pardonna...

BARBÈS ET VAILLANT

26 janvier 1894.

Le *XIXe Siècle* donne aujourd'hui d'intéressants détails sur une démarche tentée près du Président de la République par un ancien ami d'Hippolyte Carnot, afin d'obtenir la grâce de Vaillant.

M. Maréchal, officier du génie en retraite, officier de la Légion d'honneur, semble être le type du Républicain de 1848; il se croit encore au temps lointain des générosités et des clémences, il a pu s'apercevoir qu'il retardait. Cet Épiménide a eu un réveil pénible.

M. Maréchal avait entre les mains un petit papier qui lui semblait devoir être un sûr talisman pour quelqu'un qui venait faire appel à la pitié. C'était un autographe de Victor Hugo : la feuille de papier même sur laquelle Victor Hugo avait écrit les quatre vers qui sauvèrent la tête de Barbès.

On connaît cet épisode. Barbès avait été condamné à mort au mois de juillet 1839 pour avoir tué le lieutenant Drouineau qui commandait le poste du Palais de Justice.

En ce temps-là, l'esprit juif, mercantile et cruel, n'avait pas encore pourri la France. Les Français étaient accessibles à tous les sentiments élevés. Un journaliste aurait cru se déshonorer à tout jamais s'il s'était fait le valet du bourreau, s'il avait écrit certains articles comme nous en avons vu récemment, où l'on déclarait que l'échafaud était trop long à se dresser.

La jeunesse des Écoles s'était émue et 3.000 étudiants s'étaient rendus au ministère de la Justice pour demander à grands cris la grâce de Barbès. Une colonne de citoyens, qui s'était portée, dans le même but, vers le Palais-Bourbon, avait été dispersée avec beaucoup de peine.

Le roi, qui n'était pas méchant, inclinait à l'indulgence ; le Conseil des ministres résistait quand même. L'exécution devait avoir lieu le lendemain. Ce fut alors que Victor Hugo arriva à minuit aux

Tuileries, réveilla l'officier de service et le décida à remettre au roi les quatre vers immortels dans lesquels, évoquant le fantôme d'une morte et la sou-

Les Tuileries en 1839.

riante image d'un enfant qui venait de naître, il demandait la grâce de l'homme qui, stoïque et presque gai, causait en ce moment avec les gardiens, de son exécution prochaine :

AU ROI

Par votre ange, envolée ainsi qu'une colombe !
Par ce royal enfant, doux et frêle roseau !
Grâce encore une fois, grâce au nom de la tombe !
Grâce au nom du berceau !

VICTOR HUGO.

12 juillet 1839, minuit.

Au nom de Victor Hugo, le roi s'était levé; et, très impressionné, il avait dit au poète : « Je vous accorde cette grâce, il ne me reste plus maintenant qu'à l'obtenir de mes ministres. »

Ce n'est pas là la plus vilaine page du règne de Louis-Philippe, et il faut avouer que, dans cette entrevue émouvante, le roi ne fait pas figure de mufle.

Le récit du *XIXe Siècle* vous aide à comprendre la différence qui existe entre hier et aujourd'hui, entre un roi qui avait, quand même, des sentiments humains et français, et le Président d'une République franc-maçonnique et juive qui a eu successivement pour ministres Rouvier, Floquet et Raynal.

En représentant candide d'une autre époque, l'excellent M. Maréchal, muni de son précieux autographe, se présenta chez la veuve d'Hippolyte Carnot, Mme Mère, comme on disait sous Napoléon Ier.

S'il faut en juger par l'âge de son fils, Mme Hippolyte Carnot a déjà un pied et demi dans la tombe; satisfaite d'avoir été oubliée par les Parques, elle ne devrait appeler la Mort près de personne. Elle agirait plus sagement en pensant à son salut et en s'efforçant de s'assurer, par des œuvres de miséricorde, le pardon du souverain Juge.

L'histoire des souveraines et des princesses ne nous offre-t-elle pas, d'ailleurs, le perpétuel spectacle de femmes, vieilles ou jeunes, majestueuses sous leurs cheveux blancs ou irrésistibles avec leurs beaux yeux mouillés de larmes, qui, lorsqu'il s'agit de la vie d'un être humain, forcent la porte des maîtres du jour et viennent crier : « Pitié! » à la raison d'État qui dit : « Châtiment! »

Les douairières de la Démocratie jacobine ne se chauffent pas de ce bois-là. C'est en vain que M. Maréchal rappela à la veuve de Carnot que le défunt Hippolyte avait fait voter l'abolition de la peine de mort pour les crimes politiques. La vieille bourgeoise féroce refusa de transmettre à son fils les vers de Victor Hugo.

Nous savons que des démarches faites auprès de

Mme Carnot jeune n'ont pas été plus heureuses. Elle n'a pas voulu entendre de cette oreille; les lamentations des suppliants ne peuvent arriver jusqu'à elle : elle est sourde comme Proserpine.

Je n'ai pas besoin de vous dire que le grand poète, fût-il Clovis Hugues, qui s'aventurerait à venir à minuit demander M. Carnot, serait certainement reçu sans gloire. Borius, qui n'aime que les Juifs, apparaîtrait, sous le bonnet de coton nocturne, avec sa face la plus grimaçante et la plus basse; il ferait conduire le fils d'Apollon au poste, où il serait immédiatement « passé à tabac ».

Voyez-vous, pour être véritablement Démocrate et pour recevoir des poètes en pleine nuit, quand on habite un palais, il n'est tel que d'avoir six cents ans de noblesse dans les veines. Les députés qui sont venus apporter à l'Élysée une pétition signée de soixante représentants du peuple ont pu se convaincre de cette vérité.

— Emportez-moi cela! a dit Borius, nous ne voulons pas de ces affaires-là ici.

Décidément, dans cette maison ils n'aiment pas le papier, qu'il s'agisse d'autographes de poètes ou de députés, surtout lorsque sur ce papier sont écrites des paroles d'humanité.

Le *XIXe Siècle*, cependant, a oublié d'ajouter

quelque chose à son information. Barbès, qui avait tué le lieutenant Drouineau, tandis que Vaillant, en définitive, n'a tué personne, n'a pas été seulement gracié : la France reconnaissante a rendu à cet homme les honneurs que l'on ne décerne pas toujours aux grands citoyens qui ont glorieusement servi leur Patrie.

Un superbe monument haut de sept mètres, composé d'un beau piédestal et d'une magnifique statue de bronze, œuvre de Falguière, a été élevé à Barbès sur la principale promenade de Carcassonne.

Le préfet, représentant du gouvernement, a inauguré la statue en grande pompe, et parmi les souscripteurs et les inaugurateurs du monument figure un membre du ministère actuel, M. Marty, député de l'Aude et ministre du Commerce.

Je ne vois pas très bien la différence qui peut exister entre les idées de Barbès et celles de Vaillant. Quant aux procédés pratiques, ils ne diffèrent que par les progrès réalisés dans les appareils balistiques.

A l'époque où vivait Barbès, l'art des explosifs était encore dans l'enfance; néanmoins, au mois de mars 1836, Barbès avait été condamné, comme Mérigeau l'était hier, pour détention de poudres et d'autres matières explosibles. Il est représenté sur la promenade de Carcassonne avec le fusil qui lui a servi à viser des soldats de l'armée française.

Il convient de faire remarquer que Barbès n'avait pas l'excuse de la misère comme Vaillant : il avait cinquante mille livres de rentes, il était éloquent et instruit, il pouvait prendre dans la Société la place qui lui aurait convenu.

Voilà les exemples que la Bourgeoisie révolutionnaire, implacable maintenant qu'elle est victorieuse et nantie, a donnés au peuple! Étonnez-vous que le peuple en ait été corrompu!

Pour ma part, je ne cesserai de répéter qu'une Société qui élève des statues de bronze à Barbès, fils de riches, riche lui-même, qui a tué un officier, n'a pas le droit d'être impitoyable. Sans risquer sa sécurité, elle se doit à elle-même d'être miséricordieuse pour un malheureux bâtard, pour un prolétaire aigri par la souffrance, pour un homme qui assurément est un criminel, mais qui, encore une fois, n'a tué personne...

LES HUMAINS

---

6 février 1891.

Un fourgon a porté ce matin au Champ des Navets un corps sanglant qui avait la tête entre les jambes... La Société est vengée; les *confetti* jonchent nos boulevards, et les trompes du carnaval retentissent à tous les carrefours.

A ceci nous ne pouvons rien, et après avoir fait tout ce qu'il était possible de faire pour sauver l'existence d'une créature de Dieu, nous ne songeons pas à nous livrer à d'inutiles déclamations sur l'exécution de ce matin.

Chaque homme, après tout, est condamné à mort en naissant, et, au fond, la vie que nous menons tous sur cette terre est celle d'un condamné qui aurait obtenu un sursis assez long. En y réfléchissant, on trouverait peut-être que, malgré l'horreur d'un brusque réveil, il vaudrait mieux disparaître ainsi frappé pour une cause que l'on croit juste, que de subir toutes les tortures d'une vessie endommagée et que de crever, à moitié idiot, lâche et babouinant, sur un pot de nuit après avoir craché tous les mucus de ses poumons.

A un certain point de vue, Vaillant a été plus favorisé que beaucoup de prolétaires épuisés de travail qui expirent dans un hôpital et que des gardes-malades laïques insultent quand ils réclament un prêtre; il a eu un aumônier à sa disposition pour mettre son âme en état de grâce et, s'il n'en a pas profité, c'est qu'il ne l'a pas voulu... C'est même une bizarre idée de la Société actuelle que d'attendre, pour offrir un prêtre aux malheureux, que l'athéisme officiel les ait conduits au désespoir et au crime.

En tout cas, si jamais les Anarchistes sont victorieux, je ne leur demande que de m'accorder les mêmes facilités et, s'ils le jugent à propos, de me réveiller un peu plus tard, car je ne suis pas du matin...

En essayant d'obtenir la grâce de Vaillant, nous avons pu déplaire aux badauds cruels qui suivent en aboyant toutes les charrettes, nous avons marqué notre place où nous souhaitions qu'elle fût,

L'ancien cimetière, dit de *Clamart*
(place Fer-à-Moulin).

parmi les humains et aussi parmi les sages, parmi ceux qui savent, parmi ceux qui ont interrogé l'histoire dans le Passé et qui l'ont regardé s'écrire sous leurs yeux dans le Présent.

La Société bourgeoise, en se montrant implacable, n'a peut-être pas cru commettre un crime; elle s'apercevra bientôt, je le crains, qu'elle a commis une lourde faute.

La Bourgeoisie révolutionnaire n'a dû le pouvoir qu'à des violences, des complots, des insurrections, des meurtres sans nombre et des forfaits monstrueux. L'homme qui a signé l'ordre d'exécution de Vaillant est le petit-fils d'un Tueur de 93, d'un membre de ce Comité de Salut public qui félicitait Carrier et encourageait Joseph Lebon. Si Casimir-Perier, un autre petit-fils, est quelque chose, c'est que son grand-père a profité d'une émeute heureuse faite contre ces *Ordonnances* qui étaient infiniment plus douces que les lois qu'on vient de voter contre la Presse.

Sans doute, il y a quelque crânerie à ces parvenus de la rébellion et de l'assassinat à dire au Peuple : « Nous nous sommes servis de toi pour renverser la noblesse et le trône; nous avons pu escalader le sommet grâce au marche-pied que nous ont fait les insurgés du 10 Août, des journées de Juillet, des journées de Février et même des journées de Mai, dont nous avons été les seuls à profiter. Maintenant que nous sommes arrivés et que nous tenons la fameuse assiette au beurre, gare à toi si tu bouges : nous ferons tirer sur toi comme sur un chien. »

La question est de savoir si une telle politique a des chances de réussir et, à vrai dire, nous ne le pensons pas. Le geste est beau; mais, pour employer un mot du président de Brosses, « il faudrait des reins pour pousser cela ». Or, la Bourgeoisie opportuniste, judaïque et maçonnique n'a visiblement plus de reins; elle est pourrie jusqu'aux moelles; elle a été à demi asphyxiée par la boue des scandales récents; elle traîne après elle cette casserole du Panama, dont elle ne peut se débarrasser; elle tremble devant le terrible malade de Bournemouth qui, d'un mot, a fait rentrer Casimir-Perier sous terre.

Dans ces conditions, être pitoyable lorsqu'il était possible de l'être, puisque Vaillant n'avait tué personne, c'était tout simplement être avisé et prudent.

Sans doute, la Bourgeoisie compte sur la Police et sur l'armée, sur

Debeury, sur Gaillot, sur Clément. Et c'est de ceci que peuvent parler les hommes qui savent, qui ont vu et qui ont gardé dans les yeux la vision de ce qu'ils avaient vu.

Jamais Debeury ne conduira une plus belle charge que celle qui eut lieu sur le boulevard Bonne-Nouvelle dans la nuit du 3 septembre 1870. Lancés comme une trombe du haut des marches du poste, les sergents de ville se ruèrent sur la foule avec un brio extraordinaire, à coups de casse-tête, à coups de poing, à coups de botte; ils tapèrent avec entrain en criant : « Tas de canailles! Tas de crapules! Tas de démocs!... »

Cela se passait vers une heure du matin, et le lendemain, vers quatre heures de l'après-midi, on apercevait de pauvres êtres livides auxquels les gens de chaque quartier s'efforçaient de donner qui un pantalon, qui une casquette, afin de laisser passer la frénésie du premier moment. Les débitants auxquels certains agents avaient épargné parfois une contravention offraient aux plus troublés un petit cognac pour réconforter ces hommes qui, autrefois, avaient tant cogné. L'ouvrier qui entrait et qui avait de suite dévisagé le *quidam* était pris, lui aussi, d'un mouvement de générosité et lui disait : « Je te reconnais. Trinquons tout de même! »

Nous avons tous vu cela et bien d'autres choses

Place de la Concorde.

encore. Ce cri de : « Vive la Commune ! » nous l'avons entendu dans toute sa verdeur le 18 mars au ministère des Affaires étrangères, au moment où Thiers allait s'enfuir à Versailles après avoir criminellement provoqué une effroyable insurrection dans Paris.

Il y avait un petit officier très résolu qui gardait la grille avec une compagnie d'infanterie. Tout à coup, deux bataillons de Fédérés défilent en bon ordre, très lentement et en poussant des clameurs formidables de : « Vive la Commune! »

Nous regardions tous le petit officier et nous lisions dans son âme; tout en gardant une martiale contenance, il serrait les fesses, car il sentait qu'il n'avait pas ses hommes dans la main. Foutriquet n'était pas parti et l'officier se disait : « Si ces gens-là s'arrêtent, s'ils demandent à fraterniser, s'ils entrent dans le Ministère, qu'est-ce que je pourrai faire? Je me ferai tuer... et après?... »

Le bataillon ralentit un peu sa marche, hésita, cria beaucoup et passa...

Je revois encore, sous un ciel chargé d'une pluie neigeuse, cette place de la Concorde où les ombres tragiques de la Révolution semblaient se lever à l'appel de Paris soulevé. On percevait dans le lointain le bruit de légions insurgées en marche, et l'on avait vraiment la sensation d'une force déchaînée à laquelle rien ne résisterait.

Les sages et les humains qui ont vu ces choses ont le devoir de les rappeler, alors qu'il en est temps encore. En les rappelant, ils se montrent humains envers Casimir-Perier, comme ils l'ont été vis-à-vis de Vaillant.

C'est être humain que de dire à cet homme qui

paraît doué d'une médiocre intellectualité : « Défiez-vous des dangereux maniaques de la Droite qui, pour la plupart, n'ont jamais lu un livre et qui ont des cerveaux d'illettrés et des âmes féroces de portiers... Ne semez pas trop de haines dans un pays où, en quelques mois, un régime aussi solidement constitué que celui de l'Empire a été remplacé par un gouvernement composé d'ébénistes, de menuisiers et de feuillagistes. Ceux que vous traquez aujourd'hui comme des fauves seront peut-être les maîtres de demain. »

Chacun, après tout, a sa fonction dans la vie. Le rôle du Bourgeois révolutionnaire, qu'il s'appelle Bailly, Casimir-Perier l'ancien, Thiers, Godefroy Cavaignac, Jules Simon, Ferry, Dubost, Chaudey, a toujours été un rôle de coquin. Il excite le Peuple avec de grandes phrases, il le débauche de l'atelier, il le grise avec des périodes sonores, il détruit en lui toute croyance et toute foi. Puis, quand les ambitieux et les faméliques de la Bourgeoisie ont obtenu ce qu'ils voulaient, ils s'allient aux Pharisiens de la Droite, à peu près aussi coquins qu'eux. Rabagas met sa main dans la main de Tartufe pour égorger les prolétaires à son aise comme aux journées de Juin et aux journées de Mai.

Notre œuvre à nous est différente. Nous aimons

le Peuple tendrement; nous savons ce que souffrent les ouvriers, car nous nous souvenons d'avoir été plus pauvres que les plus pauvres d'entre eux, mais nous ne les flattons pas bassement. Nous ne cracherons jamais sur le crucifix pour entrer à la Chambre, comme faisaient les marchands hollandais pour entrer au Japon. Nous réprouvons les crimes de l'Anarchie, mais nous plaignons le pauvre Vaillant, et nous avouons qu'il nous semble infiniment moins coupable que les Tueurs bourgeois de la Terreur auxquels on a élevé des statues...

LES JOURNAUX SANS IDÉES

---

17 février 1891.

C'est bien joli tout de même ce passage du discours de Brunetière saluant les vieux journaux et constatant imperturbablement que la Presse actuelle ne compte plus au point de vue des idées !

Il faudrait, pour bien comprendre l'inanité de ce propos, consulter dix années du *Constitutionnel* et du *National* d'autrefois, emplis d'articles plus ou moins réussis sur de mesquines questions politiques, et lire seulement une dizaine de journaux de ce matin.

Le vrai est qu'on est comme suffoqué, secoué, grisé par tout ce qui se dégage de troublant, d'instructif, de capiteux à la fois de ces reportages qui sont parfois des pages d'histoire sociale, de ces informations qui nous mettent au courant du mouvement du vaste univers, de ces *interviews* d'êtres bizarres vous ouvrant des âmes absolument extraordinaires.

Que de choses en une journée ! Qu'elle est suggestive cette genèse d'un Anarchiste comme Henry, racontée par les uns et par les autres ! Pendant ce temps, des cambrioleurs volontaires vont tranquillement déménager le logement d'Henry au nez de cette Police qui, à chaque instant, arrête consciencieusement le crémier Constant Martin pour le relâcher quelques jours après.

Là-bas, un Anarchiste inconnu glisse sous l'herbe aux environs de Greenwich et meurt dans un mystère, foudroyé par l'engin terrible qu'il porte sur lui.

Au même moment, grâce à Rothschild qui, depuis huit jours, harcelle Burdeau, on met Soubeyran en liberté. Cependant, le nom de Monchicourt, de Lesseps, de Reinach, de Cornélius Herz retentit au Palais, et le malade de Bournemouth feuillette une dernière fois ces dossiers formidables qui contiennent les secrets de la vie politique depuis quinze ans.

Mon pauvre Brunetière, il y a plus d'idées, là-dedans, plus d'émotions, plus d'énigmes terrifiantes qu'il n'y en a dans tous les auteurs du XVIIe siècle... Donnez-moi six mois, et rien qu'avec les journaux de ce matin, qui représentent un franc d'achat, je vous écrirai le plus étrange et le plus étonnant des livres.

Lisez-moi ce que Lombroso écrit dans la *Revue des Revues* citée ce matin par la *Justice*, je crois, à propos de Vaillant. Cela ne fait-il pas pénétrer plus avant dans la caverne, dans la *spéluncque* humaine dont parle Montaigne, que les plus curieuses pages de La Bruyère et de La Rochefoucauld?

Ce Vaillant qui a failli tuer cinquante personnes

fut toujours, au dire de Lombroso, un « altruiste exagérément passionné ».

L'altruisme, on le sait, dans le langage moderne, c'est la charité sans ailes, la charité qui ne croit pas au ciel. Lombroso déclare « qu'à sa grande surprise, il a rencontré ce caractère chez d'autres Anarchistes encore plus criminels que Vaillant ».

Pini et Ravachol dépensaient le produit de leurs vols pour leurs compagnons ou pour leur cause. Spies, un des pendus de Chicago, gagnait 19 francs par semaine et en donnait deux à un ami malade; il aida un homme qui l'avait grossièrement offensé. Ses compagnons le vénéraient comme un saint. On raconte sur Pallas une anecdote qui est à retenir. Il avait été jeté par un naufrage dans une île déserte avec un de ses camarades. Un jour, comme un navire s'était approché de l'île, il put s'y embarquer. Mais son compagnon tardant à venir, le capitaine donne l'ordre de reprendre la route. Pallas, ne pouvant autrement l'arrêter, se jette à l'eau et l'oblige ainsi d'attendre son camarade.

Un de mes amis me racontait un trait inouï et absolument authentique de Stepniak, le nihiliste qui eut la plus grande part aux attentats contre le Tsar.

Stepniak venait de commettre un assassinat, et, profitant de la surprise du premier moment, il s'était élancé dans la troïka où l'attendait un complice déguisé en cocher et chargé d'assurer sa fuite...

L'ami, trouvant naturellement qu'il n'y avait pas de temps à perdre, fouette le cheval à tour de bras. Stepniak l'arrête : « Je suis très sensible, dit-il, et je ne peux pas voir souffrir les bêtes... Si tu continues à maltraiter ce cheval, je descends et je me livre... »

Ces choses-là ne nous étonnent pas outre mesure, nous qui savons, nous qui avons étudié. Je vous ai parlé déjà de Joseph Lebon. L'homme qui, par une antiphrase ironique et affreuse, portait ce nom de Lebon fut un des plus grands scélérats de la Révolution.

C'est lui qui avait toujours une petite guillotine sur sa table et qui dînait avec le bourreau. C'est lui qui fit suspendre, dans les conditions atroces que j'ai racontées, l'exécution d'un vieil officier de Saint-Louis qui avait été criblé de blessures en combattant pour son pays.

Le malheureux officier était déjà attaché sur la planche et le couteau allait tomber. « Arrêtez ! », dit Lebon, qui se délectait de ce spectacle du haut de son balcon, « avant que le misérable ne descende aux Enfers, il faut qu'il entende la lecture du *Moniteur* ». Et Joseph Lebon lut le *Moniteur* à l'infortuné avant de permettre au couteau de tomber.

Il est vrai que le féroce proconsul, qui ravacholisait avec tant d'entrain, était félicité et encouragé dans son œuvre par le Comité de Salut public, dont Carnot était le plus bel ornement. Le Comité lui écrivait à la date du 25 floréal an II :

Cher collègue,

Le Comité de Salut public a besoin de conférer avec toi sur des objets importants. *Il rend justice à l'énergie avec laquelle tu as réprimé les ennemis de la Révolution ; le résultat de notre conférence sera de la diriger d'une manière encore plus utile.* Viens le plus tôt qu'il te sera possible pour retourner promptement au poste que tu occupes actuellement.

Les membres du Comité de Salut public :
B. BARRÈRE, BILLAUD-VARENNES, COUTHON, ROBESPIERRE, CARNOT, C.-A. PRIEUR.

Quel monstre! me direz-vous. Je ne sais s'il était altruiste, mais comme les carnassiers il avait l'amour des siens. Ce tigre était bon époux et bon père.

J'ai sous les yeux un petit volume tout jauni et piqué des vers que j'ai acheté trois sous sur les quais aux temps heureux où je bouquinais. Il a pour titre : « *Lettres de Joseph Lebon à sa femme, pendant les quatorze mois de prison qui ont précédé sa mort, avec une préface historique par son fils Émile Lebon, Juge d'instruction de l'arrondissement de Chalon-sur-Saône.* »

Boulevard Montmartre,
La Libre Parole
et le balcon de Séverine.

Le volume m'avait intéressé parce qu'il y est beaucoup question d'un jeune Abraham, qui paraît avoir joué un rôle considérable dans l'existence de Joseph Lebon. Ce qui est certain, c'est qu'on ne peut rien imaginer de plus tendre que ces lettres; jugez plutôt :

Amiens, ce 11 vendémiaire an IV.

Les Jurés vont prononcer sur mon son sort, tendre et respectable mimie. Si la majorité d'entre eux est patriote, je ne peux pas ne pas être absous; si cette majorité est ennemie de la Révolution, je crois avoir servi la cause de la Liberté de manière à n'être pas épargné par ceux qui l'ont combattue. La déclaration à intervenir est encore incertaine, mais attends toujours plutôt une mauvaise qu'une bonne nouvelle et regarde cette lettre comme une lettre d'adieu.

Je ne changerai pas de langage à ces derniers instants; je ne t'écrirai pas d'un style larmoyant ou sombre; la fin de ma carrière doit ressembler à tout le reste de ma vie.

Un amour sincère nous avait réunis. Deux ans passés dans l'intimité la plus grande, sans que jamais de froids soupçons ou de viles inquiétudes altérassent la paix du ménage, nous donnaient lieu, sans doute, d'espérer une série de jours prospères; la Providence en a disposé autrement; garde-toi de maudire ses desseins et de t'abandonner à d'indignes douleurs.

. . . .

Pour toi, mimie, tendre mimie, mille fois aimable mimie, je te couvre de mes baisers brûlants, ainsi que

Pauline et Émile; ma bouche expirante s'attache aux vôtres et nos âmes se confondent! Adieu! sois toujours la même, toujours digne de l'estime et de l'amour des hommes vertueux!... Encore une fois, je t'embrasse et m'endors aux crimes de la terre!

Ton ami, ton cœur.

Joseph Lebon.

Voici ce qu'écrivait Lebon au moment de monter à l'échafaud :

Je te renvoie une chemise, un mouchoir, un serre-tête, l'acte constitutionnel, deux peignes, ma cuiller et ma fourchette. Je dois vingt francs que tu paieras au geôlier. Encore un coup, la mort de l'homme de bien n'est pas inutile.

Adieu à tous nos amis, et vive la République!

Joseph Lebon.

Amiens, ce 24 vendémiaire an IV, jour où Pauline a deux ans.

Vous voyez, mon cher monsieur Brunetière, que les journaux éveillent des pensées; j'ajoute qu'il m'en est venu beaucoup d'autres ce matin, mais je crois qu'il est préférable de ne pas les communiquer au public. Après avoir travaillé avec Burdeau à mettre dehors M. de Soubeyran, qui semble avoir *anarchisé* fortement les fonds de la Société des *Immeubles*, Rothschild pourrait collaborer avec le même pour arriver à me faire mettre dedans, quoi que je n'aie rien *anarchisé* du tout.

Si vous trouvez que la Presse est sans idées, c'est que votre cerveau est fermé, cousu, rebelle à recevoir des impressions nouvelles, c'est qu'en réalité vous vivez en dehors de votre temps, au milieu de chefs-d'œuvre à peu près morts et desséchés. Ceci ne vous a pas empêché d'écrire jadis sur *La France Juive* un très noble et très courageux article dont *la Libre Parole* a tenu à honneur de vous remercier publiquement, au moment où ses remerciements ne pouvaient plus vous nuire près de l'Académie...

LE MORT DE LA MADELEINE

17 mars 1894.

Il est mort très symboliquement cet Anarchiste. Il a monté, la haine au cœur, le majestueux escalier de cette église au style payen, qui ressemble à la Bourse et que César avait destinée à être le Temple de la Gloire avec cette inscription au fronton : *Napoléon à la Grande Armée*. Il n'a pu pénétrer dans le sanctuaire où le Dieu vivant reposait dans le tabernacle ; il est tombé foudroyé entre deux portes par l'engin qu'il portait sur lui.

Ainsi, cet homme apparaît comme la saisissante et tragique image de ce peuple que la Bourgeoisie franc-maçonnique a réduit au désespoir et conduit au crime et qui, ne sachant plus entrer dans l'église pour y prier, y revient pour essayer d'y tuer et ne parvient qu'à se tuer lui-même.

Le lieu de la scène ajoute à l'enseignement terrible que donnent ces choses. Les deux monuments à colonnes qui s'appellent la Madeleine et le Palais-Bourbon se regardent à travers une place où les victimes ont été jadis immolées par milliers, pour la plus grande satisfaction et le fructueux bénéfice des Jacobins nantis d'aujourd'hui.

Au temps où la Madeleine, en construction, n'était qu'un chantier entouré de planches, un roi de France a passé devant elle un matin de janvier. C'est là que le carrosse que quelques tours de roue séparaient de la guillotine commença à aller très lentement à travers des flots de Sans-culottes qui criaient : « A mort Capet! »

Carnot, malgré qu'il fût de Feulcins, n'en contribua pas moins à envoyer le pauvre roi à l'échafaud pour faire plaisir aux braves Sans-culottes, car la Bourgeoisie d'alors aimait les Sans-culottes quoiqu'ils fussent encore plus mal vêtus que les Anarchistes de notre époque. Aujourd'hui, la bourgeoisie n'aime plus les Sans-culottes et leur ordonne de se culotter par décence; malheureusement, elle néglige de leur en donner les moyens. Au conseil qui, en lui-même, est sage, elle n'ajoute pas la culotte...

C'est dans ces termes prosaïques que se pose le débat qui se dénouera dans des catastrophes d'Apocalypse.

Là-dessus, les Casimir-Perier et les Maurice Lasserre s'écrient : « Supprimons les journaux. Tout le mal vient de ce que le Peuple sait maintenant que la Chambre est composée de canailles qui reçoivent des chèques et des pots-de-vin. Si les journaux ne révélaient pas les infamies qui se commettent tous les jours, si les ouvriers ne lisaient pas et ne pensaient pas, tout irait bien. »

Il y a un semblant d'idée juste au fond de ces projets imbéciles. Il est clair que si on pouvait supprimer tout ce qui a été écrit, tout ce qui a été dit, tout ce qui a été imprimé depuis deux cents ans seulement, effacer des cerveaux toutes les impressions qu'ils ont reçues, on aurait affaire à des âmes plus respectueuses et plus dociles.

L'opération paraît d'une exécution difficile, puisqu'il y a dans les librairies populaires, sur les quais et dans les mansardes de prolétaires, des montagnes plus hautes que l'Himalaya de blasphèmes, d'appels à l'insurrection et d'outrages à l'autorité. C'est la Bourgeoisie écrivante qui précisément a constitué cette bibliothèque que les torches de cinquante Omar seraient impuissantes à brûler.

Il faut donc se résigner, et peut-être l'indication que nous donnions à nos gouvernants au lendemain de l'attentat de Vaillant n'était-elle pas tout à fait déraisonnable.

Tout en réprouvant énergiquement les crimes de l'Anarchie, nous disions à ceux qui s'en montraient à juste titre effrayés : « Puisqu'il est impossible de cacher les ignominies du régime actuel, puisqu'elles appartiennent désormais au domaine de la discussion courante, pourquoi ne pas accorder une satisfaction à l'opinion publique? La vue des chéquards impunis, des Rouvier et des Roche rentrés triomphalement au Parlement, démoralise le pays et excite au crime des êtres cruellement meurtris par la vie et qui s'irritent en constatant que le vol que l'on condamne impitoyablement chez les pauvres est glorifié chez les financiers, parce qu'ils sont riches. Pourquoi n'essaierait-on pas, au moins momentanément, d'un Gouvernement honnête? »

Les Catholiques auraient dû se joindre à nous et s'honorer en montrant, dans quelque discours patriotique et élevé, quelle était dans les forfaits d'en bas la part du mauvais exemple venu d'en haut. Ils ne le voulurent point faire et n'eurent pas honte de s'afficher comme les plats laquais du Juif Raynal, l'auteur de ces Conventions scélérates qui ont coûté plus d'un milliard à la France.

Dans ces conditions, il ne reste plus qu'à regarder et à méditer la page inoubliable dans laquelle Carlyle a décrit, dans son style de visionnaire et d'inspiré, le cataclysme qui se prépare...

Un monde détraqué, ballotté et plongeant comme le vieux monde romain quand la mesure des iniquités fut comblée; les abîmes, les déluges supérieurs et souterrains crevant de toutes parts, et, dans ce furieux chaos de clartés blafardes, toutes les étoiles du ciel effacées. A peine une étoile du ciel qu'un œil humain puisse maintenant apercevoir; les brouillards pestilentiels, les impures exhalaisons devenues incessantes, excepté sur les plus hauts sommets, ont effacé toutes les étoiles du ciel. Des feux follets qui çà et là courent ont pris la place des étoiles. Sur la lande sauvage du chaos, dans l'air de plomb, il n'y a que des flamboiements brusques d'éclairs révolutionnaires; puis, rien que les ténèbres avec les phosphorescences de la philanthropie — ce vain météore.

Visiblement, il n'y a plus nulle direction morale, nulle orientation dans ce pays... Il y a des spectacles qui éveillent des pensées

L' « Infantado » et la maison de Francfort.

et c'est à un spectacle de ce genre que l'on assistait hier vers cinq heures, sur la place de la Concorde. Des agents escortaient une charrette à bras portant les restes mutilés d'un dynamiteur, des débris d'entrailles, des fragments de ventre.

Le décor, d'une grandeur incomparable, formait un impressionnant contraste avec le réalisme horrible de cette scène.

Sur cette place, tous les monuments parlent : le Corps législatif envahi tant de fois, la Madeleine où

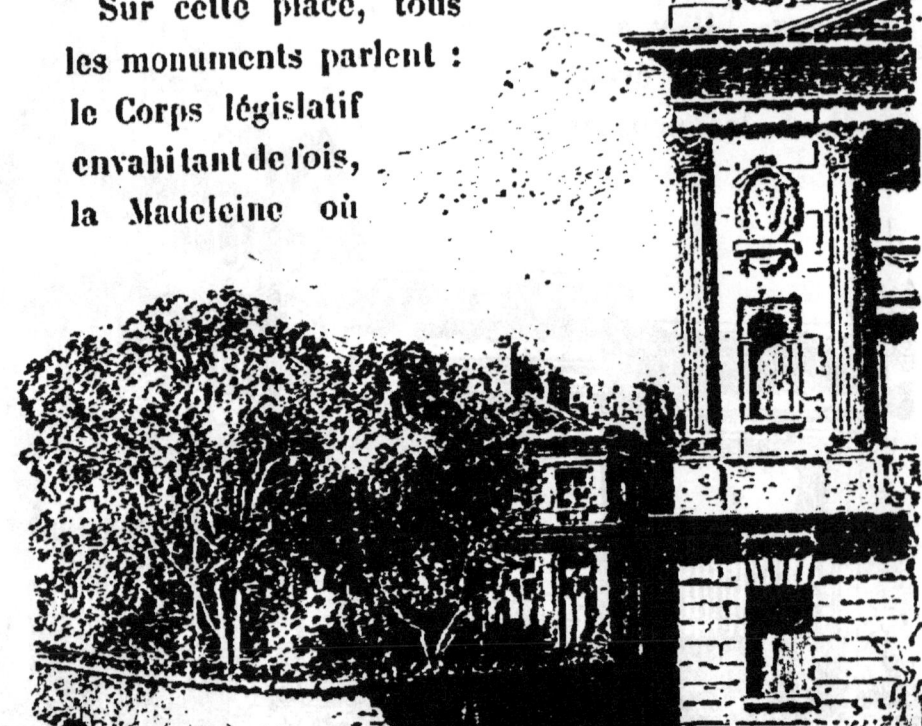

Les grands Cercles.

viennent par habitude des Conservateurs à peu près étrangers à l'esprit chrétien, ces Cercles aristocratiques où des oisifs perdent en une nuit des sommes suffisantes pour faire vivre des familles entières pendant des années, ces Tuileries dont les ruines elles-mêmes ont disparu et, dans le lointain, cet Arc de Triomphe sous lequel, il y a vingt-trois ans, les cavaliers prussiens défilaient au bruit des fanfares.

Sur la gauche, voici l'imposant et sombre hôtel de l'Infantado, la demeure sévèrement gardée des souverains d'Israël dans laquelle on montre aux grands seigneurs parasites le clavecin et le portrait de Marie-Antoinette, guillotinée à quelques pas de là, entre le palais de l'ancienne royauté et le futur palais de la royauté moderne.

C'est un symbole encore que ce palais, si proche de la place fatidique où coula par torrents le sang le plus généreux et le plus pur de la vieille France. Cela signifie que le Juif est roi, et quelque chose vous dit cependant que pour lui ce triomphe est sans joie. Des fenêtres de ce palais on doit apercevoir parfois aussi, sur l'horizon, les éclairs dont parle Carlyle, les flamboiements brusques qui annoncent l'orage.....

LES CHOUANS

---

16 avril 1891.

C'est encore une mauvaise idée, au point de vue du prestige des chefs de la Droite, que celle qui a poussé MM. Émile Blavet et Pierre Berton à mettre à la scène les *Chouans* de Balzac.

Elle eut vraiment une grandeur farouche, cette Chouannerie, et ce fut un geste héroïque que celui de ces paysans bretons et de ces gentilshommes terriens défendant, avec l'énergie des doux que l'Injustice rend enragés, leur foi de chrétiens et leurs convictions de royalistes.

Ils n'avaient jamais été à Versailles, ces braves gens; ils n'avaient rien reçu du roy, ils ne savaient même pas ce que c'était qu'une Cour, et tandis que le roy, à la tête de ses gentilshommes, capitulait devant les Marseillais de Westermann, ils luttaient jusqu'à la mort.

Ils luttaient pour leurs vieilles provinces, pour leurs églises où, depuis des siècles, on avait baptisé les enfants et dit la prière pour les morts. Ils se battaient, appuyés comme Antée sur la terre natale elle-même qui se faisait leur alliée, qui les aidait avec la profondeur de ses bois, l'immensité de ses landes, le mystère de ses sentiers.

Quand les Cosmopolites, auxquels les Jacobins servaient d'avant-garde, ont vu l'âpreté de ce premier choc, ils ont dû avoir un moment d'effroi et se dire que la France serait difficile à conquérir. Moins de cent ans leur ont suffi pour arriver à ce résultat.

Ce fut très grand, et le mot *geste* que j'emploie, quoiqu'il ait été un peu discrédité depuis quelque temps, est le seul vrai, car c'est le mot français. Il égaye, je le sais, ces Opportunistes et ces boulevardiers qui n'ont aucune notion de nos traditions, mais depuis la *Geste de Garin le Loherain* jusqu'aux *Enfances Vivien*, le mot geste a toujours servi à exprimer un mouvement, un acte accompli; il a pu être bon ou mauvais; Ganelon a pu y figurer à côté de Roland sans qu'il ait cessé d'être un geste, c'est-à-dire la manifestation d'une activité.

La *Chanson de Geste*, qui est le poème épique français, est simplement le récit des événements auxquels ont été mêlés des hommes qui agissaient.

Donc cette *geste*, cette épopée de la Chouannerie, qui fut aussi admirable et plus populaire encore que la Vendée, a hanté longtemps les imaginations, et si ces récits n'enthousiasment plus les hommes, ils passionnent encore l'âme des femmes.

Les femmes rêvent parfois de cette guerre fantastique, de ces nuits étranges où, dans le silence et l'obscurité, des ombres armées surgissaient tout à coup à l'appel, incompréhensible pour l'ennemi, d'un chef qui imitait le cri de la hulotte. Des milliers de combattants obéissaient au mot d'ordre qui avait cheminé à travers des villages occupés par les Bleus, sans qu'il se trouvât quelqu'un pour parler trop haut parmi les enfants eux-mêmes, qui savaient qu'on allait reprendre les armes.

Et tandis que la femme du royaliste, duchesse, marquise ou comtesse, est plongée dans la lecture du chef-d'œuvre dans lequel Balzac a ressuscité cette extraordinaire époque, elle voit entrer le mari, le député de la Droite, le défenseur du trône et de l'autel. C'est le personnage bien élevé, solennel, banal et content de lui que vous connaissez tous. De son éducation dans un établissement religieux il a gardé des sentiments de déférence pour Jésus-Christ et d'adoration pour Rothschild; il n'a jamais eu une originalité bien accentuée; mais il a fini par perdre tout relief et toute effigie dans la promiscuité parlementaire.

« Nous avons été vigoureux! s'écrie-t-il. Nous avons voté, sans les discuter et sans même les lire, toutes les lois que nous a demandées le Juif Raynal. Nous avons voté des fonds pour faire espionner, par des commissaires spéciaux, tous ceux qui s'occupent de politique, c'est-à-dire tous nos amis; nous avons voté des lois pour faire arrêter préventivement tous les écrivains indépendants. Est-ce suffisant? On vient encore de découvrir une boîte à sardines suspecte... On ne sera tranquille que lorsqu'il y aura derrière tout citoyen un sergot pour le surveiller et, derrière tout sergot, un agent de la Sûreté générale pour l'espionner. »

« Comme tu es lâche! mon ami », pense la femme. Et, reprenant sa lecture, elle suit, à travers les péripéties, les aventures et les drames, ces hommes indomptables d'autrefois, ces gentilshommes-paysans qui combattaient avec leurs gars, qui conspiraient quand ils ne pouvaient plus combattre. Habillés en rouliers ou en marchands de chevaux, ils traversaient sous ces déguisements des pays étroitement surveillés par l'admirable police du Directoire ou du Consulat; ils passaient en Angleterre, revenaient en France à la barbe des gendarmes, se risquaient à Paris et retournaient en Bretagne. On les fusillait au coin des haies quand on les prenait, on les guillotinait sur les places publiques quand on avait le temps de les juger, et il y en avait toujours.....

Alors, devant cet être dégénéré qui est là, louant Raynal de ses intentions et déclarant que Dubost a du bon, une vision vient à cette femme, de cet homme qui, il y a quelques mois, franchissait, la tête haute et le sourire aux lèvres, les quelques pas qui séparent la prison de la Roquette de la guillotine.

C'était un grand criminel, sans doute, et l'attentat commis par lui doit être justement flétri par tous comme il l'a été par nous-mêmes. Mais la femme est un être d'impression plus que de réflexion, et elle se dit : « Cet homme a servi la plus détestable des causes ; mais, tout de même, il a su mourir courageusement pour cette cause. »

« Je vous quitte, marquise, dit le Droitier. Il vient de me pousser des idées pendant que vous étiez en train de lire et je vais les soumettre à Raynal qui, décidément, est un homme d'État..... Supprimer la liberté individuelle, supprimer la liberté de la Presse, supprimer la liberté de réunion, supprimer la publicité des audiences — voilà ce qu'il faut..... A ce prix, peut-être déciderons-nous M. de Rothschild à nous donner pour ce printemps, sinon un bal, du moins un raout *selected*. »

La femme rouvre le volume à la page délaissée. Elle se replonge dans cette merveilleuse histoire. Pendant des heures, elle est de cœur avec ces pauvres Chouans, avec ces humbles à l'âme intrépide. Ils n'avaient nulle ambition, ces fils de la bonne France d'autrefois ; ils ne demandaient qu'à vivre tranquilles à l'ombre de leur clocher et ne se soulevèrent que lorsqu'on voulut imposer à la France chrétienne cette Constitution civile du clergé qui ne contenait aucun article plus hérétique que ce règlement sur les Fabriques que nos évêques acceptent docilement.

Puis, le mari revient. Il a eu l'honneur d'approcher de Raynal; il est ravi:

« C'est plus qu'un homme que ce Raynal ! s'écrie-t-il, c'est le Juif providentiel..... Figurez-vous, chère amie, qu'il s'imaginait que mes amis et moi ferions des difficultés pour sacrifier des libertés; que nous réclamerions au moins des garanties. Je l'ai détrompé; je lui ai dit : Demandez-nous tout ce que vous voudrez; nous vous accorderons encore davantage. En nous quittant, il m'a donné une petite tape amicale sur la joue, et il a daigné ajouter : « N'ayez plus si peur, mon cher collègue, je suis là..... Que les bons se rassurent et que les méchants tremblent! »

A ce moment, la femme se souvient qu'elle a eu des parents tués un peu partout en Vendée, à Quiberon, en Bretagne, des parents qui ont chouanné, c'est-à-dire commis des actes de révoltés; le sang bouillonne dans ses veines. Elle jette le livre avec fureur et, en pensant à son mari et à ses amis, elle prononce un mot qu'on n'entend pas très bien et que le domestique qui écoutait n'a certainement pas compris, car il n'a pu être prononcé ainsi par une femme élevée au couvent des Oiseaux : « Tas de J... F.....! »

LES COMPAGNONNES

D'AUTREFOIS

7 mai 1891.

Victor Hugo a écrit que « Dieu avait créé le chat pour donner à l'homme le plaisir de caresser le tigre ». L'Anarchiste semble destiné surtout à nous permettre de bien comprendre le Terroriste.

Ce que fut la Terreur, personne ne le pourra jamais raconter, car il faudrait des volumes et des volumes pour faire jaillir le drame individuel, qui seul émeut, de toutes ces horreurs accumulées. Les hommes qui connaissent à fond cette période affreuse deviennent, d'ailleurs, assez rares.

Depuis la disparition de Taine, il y a encore d'Héricault, Gustave Bord, Edmond Biré, qui ont étudié cette histoire extraordinaire dans les monographies provinciales, dans les récits et les traditions de chaque région. Ils n'arrivent pas toujours à nous donner la sensation exacte de ces années étranges et, à vrai dire, nous ne pouvons les bien comprendre qu'en étudiant l'Anarchie.

Figurez-vous Ravachol, Vaillant, Henry, Pauwells, Rabardy avec des écharpes tricolores au flanc, s'entendant avec les compagnons de chaque localité pour égorger les Bourgeois comme les Bourgeois de la Révolution égorgèrent les Aristocrates, et vous aurez une idée de la Terreur. Le mot d'*Aristocrate*, nous l'avons dit, avait alors le même sens effroyablement général qu'a le mot *Bourgeois* aujourd'hui, et la vérité est qu'on a tué beaucoup plus d'hommes du peuple et d'artisans que de nobles.

Quand on pense à cela, on voit des vieilles gens à moitié en enfance, des jeunes filles à peine nubiles, des religieuses, des prêtres, des chevaliers de Saint-Louis, des domestiques, des gamins de quinze ans passant tour à tour sous le couperet. — Me feras-tu bien du mal ? demande au bourreau le malheureux enfant dont on ne peut ajuster le cou sous la lunette. — Elles sont trop belles pour mourir ! crie la foule à Nantes, en voyant passer les demoiselles au ruban bleu. — Rien n'est trop beau pour le bon Dieu! répond l'une d'elles en souriant.

Tournez-vous de ce côté : voici les religieuses de Valenciennes; elles sont parties au moment du siège; elles sont revenues plus tard sur l'ordre de la mère abbesse; elles ignorent absolument ce qui se passe. On les guillotine, et elles vont à la mort en chantant le *Salve Regina*.

Plus loin, voilà ce pauvre fils qui accompagne à l'échafaud sa vieille mère en démence. Ce n'est pas une corvée agréable pour un fils. — Où m'emmènes-tu donc? demande la vieille. Est-ce que nous allons visiter notre ferme? — Non, maman, nous allons visiter le Ciel...

Tout cela a été fait par des Carnot, des Cavaignac, par des Bourgeois dont les fils, gros propriétaires aujourd'hui, sont des zélés défenseurs de l'Ordre social; par un certain nombre d'ancêtres de députés conservateurs qui regardent comme sacrée la propriété des biens nationaux que leurs ascendants ont volés.

Quelle impression éprouvaient les compagnonnes, les femmes de tous ces gens-là, devant ces tueries qui laissent bien loin derrière elles les égorgements des rois nègres et les sacrifices sanglants de la Grande-Coutume?

Du moment où ces actes épouvantables profitaient à la Bourgeoisie, c'est-à-dire à elles, ces dames trouvaient cela très bien. Ce serait peut-être, dans une situation identique, l'opinion des compagnonnes, quoique celles avec lesquelles j'ai causé m'aient paru, en leur qualité de plébéiennes, moins froidement implacables que les pimbêches atroces de 93.

Nous avons eu déjà un témoignage de cet état d'esprit. Simon dit Lockroy a publié chez Calmann Lévy le *Journal d'une Bourgeoise pendant la Révolution*. Cette Bourgeoise était la grand'mère de Bobêche, la femme de Jullien de la Drôme, qui joua un si triste rôle à la Convention.

C'est une tricoteuse, mais une tricoteuse avec des grâces de Philaminte, que cette coquine; elle applaudit à tous les crimes, aux massacres dans les prisons, aux exécutions populaires; elle invente contre Marie-Antoinette prisonnière les infamies que reproduira Hébert.

La mégère bourgeoise voulut jouir jusqu'au bout de l'agonie de la royale victime et tint à voir passer la charrette. C'était elle qui était à côté de David à une fenêtre de la rue Saint-Honoré, lorsqu'il crayonna le dessin de la reine allant à l'échafaud, qui est d'un si effrayant réalisme.

Les *Mémoires* de Mme Cavaignac, qui viennent de paraître sous le titre : les *Mémoires d'une inconnue*, arrivent à point pour nous aider à compléter cette étude de la Bourgeoisie en face de la Terreur.

Marie Antoinette sur la charrette (croquis de David.)

Mme Cavaignac n'a point la férocité agressive de Mme Jullien. C'est une honnête femme, une bonne mère de famille, sensible à la façon de Rousseau, protestante d'abord, puis convertie au Catholicisme.

Elle ne paraît pas autrement troublée par les

échafauds ruisselants de sang, les massacres dans les prisons, les noyades de Nantes, les scènes infernales de Lyon, l'égorgement de milliers d'êtres innocents. Tout cela lui semble légitime puisque la Bourgeoisie en a bénéficié... Voici tout ce qu'elle trouve à dire devant le charnier que fut la France pendant trois ans...

Je m'efforçais de remplacer auprès de ma mère les enfants qu'elle n'avait plus, mais l'époque était cruelle et trop en harmonie avec la teinte de tristesse qui avait succédé chez nous au temps heureux dont j'ai parlé. La Terreur était établie; chaque matin, au déjeuner, les journaux apportaient la liste des condamnés, et, de quelque enthousiasme qu'on fût pénétré pour la cause, il était impossible de n'être pas effrayé, désolé des moyens qu'elle devait employer.

Il est encore de mode, quoiqu'elle passe chaque jour, d'exagérer les maux de cette terrible époque, d'en calomnier les acteurs. Assurément, ils seraient justement couverts d'opprobre et de malédictions, si la Terreur eût été un moyen de leur choix, s'ils n'y eussent été conduits, entraînés par la force des choses et les nécessités de la position, s'ils eussent enfin pu sauver autrement le pays; mais ce système, plutôt commandé qu'adopté, pouvait seul préserver la France de l'invasion de l'Europe (et c'est ce qui n'est plus contesté), de la contre-révolution et de ses vengeances (et on se rappelle du début du duc de Brunswick à Verdun et, plus tard, les réactions du Midi), s'il pouvait assurer de plus à la nation les immenses bienfaits de la Révolution, bienfaits que chaque parti est obligé de reconnaître aujourd'hui, on doit honorer la mémoire de ceux qui se sont dévoués au salut de leur pays, qui n'ont reculé devant aucun moyen de l'obtenir et n'ont recueilli pour salaire que la calomnie, la proscription, l'échafaud.

Au fond, c'est la pure doctrine de Ravachol, de Vaillant et d'Henry.

— Pourquoi assassiner de braves gens qui n'avaient jamais été mêlés à la politique, qui vivaient doucement dans des coins de village?

— C'était pour assurer au pays les bienfaits de la Révolution.

— Pourquoi tuer des garçons de café ou des consommateurs inoffensifs qui prennent un bock dans un café?

— C'est pour faire triompher la bienfaisante Anarchie.

La similitude est telle que jamais vous n'entendrez des Anarchistes convaincus employer d'autre épithète que celle-là : la *bienfaisante* Anarchie...

Ce qui est intéressant, et qu'on ne peut malheureusement mettre en lumière, faute d'espace, c'est la façon dont ces abominations étaient oubliées deux ans après.

Quand on parla à la jeune fille d'épouser Cavaignac qui avait été un des plus impitoyables égorgeurs de la Terreur, elle ne manifesta aucune répulsion pour cet homme couvert de sang; comme elle le dit en ce langage bourgeois qu'Ohnet seul a su bien parler en notre temps : « C'était un mariage *convenable* sous plusieurs rapports. »

Chargé de missions dans les départements, Cavaignac avait ravacholisé comme jamais ravacholiste ne ravacholisera. C'est lui qui avait dénoncé à la Convention les jeunes filles de Verdun.

Jamais les femmes de Verdun, on le sait, ne vinrent au-devant du roi de Prusse, qui jamais n'entra à Verdun; jamais elles ne lui offrirent de dragées; quelques-unes eurent le tort d'aller au camp par curiosité. Le misérable Cavaignac n'en rédigea pas moins à ce sujet, au nom du Comité de Sûreté générale, un rapport absolument mensonger qui fut déposé à la Convention le 7 janvier 1793.

Douze de ces malheureuses, comprises dans le procès relatif à la capitulation de Verdun, furent condamnées à mort le 5 floréal an II (26 avril 1794) et exécutées le jour même.

Qui ne connaît les vers de Victor Hugo?

> O vierges! encor quelques heures...
> Ah! priez sans effroi, votre âme est sans remord.
> Coupez ces longues chevelures
> Où la main d'une mère enlaçait des fleurs pures,
> Sans voir qu'elle y mêlait les pavots de la mort!

> Bientôt, ces fleurs encor pareront votre tête;
> Les anges vous rendront ces symboles touchants;
> Votre hymne de trépas sera l'hymne de fête
> Que les vierges du ciel rediront dans leurs chants.
> Vous verrez près de vous, dans ces chœurs d'innocence,
> Charlotte, autre Judith, qui vous vengea d'avance;
> Cazotte, Élisabeth, si malheureuse en vain;
> Et Sombreuil, qui trahit par ses pâleurs soudaines
> Le sang glacé des morts circulant dans ses veines;
> Martyres dont l'encens plaît au martyr divin!

Cavaignac, après avoir fait partie du conseil des Cinq-cents, fut receveur aux barrières de Paris, envoyé à Mascate, employé aux bureaux de la loterie, créé comte par le roi Murat et enfin nommé préfet de la Somme pendant les Cent-Jours. Il avait été dans les Basses-Pyrénées un des plus sauvages proconsuls de la Convention. Étienne Arago l'a assez habilement disculpé d'un des actes infâmes qui lui avaient été reprochés pendant sa mission. L'historien Prudhomme, le *Dictionnaire historique et biographique des hommes marquants de la fin du XVIIIe siècle* et la *Biographie* Michaud ont raconté cette histoire.

Pinel et Cavaignac, dit Prudhomme, devant arriver à Bayonne, s'étaient fait retenir une loge au spectacle; deux gendarmes la voyant vide osèrent s'y placer; ils furent arrêtés de suite et peu de jours après guillotinés, comme ayant *outragé* la représentation nationale.

Labarrère, prévost de la maréchaussée de Dax, était en prison; sa fille, âgée de dix-sept ans et fort jolie, demeurait à Saint-Sever; les deux proconsuls y arrivent, elle se jette à leurs pieds pour obtenir la grâce de son père, ils la lui promettent, et Cavaignac lui propose de venir dans sa voiture à Dax pour voir l'auteur de ses jours rendu à la liberté.

En route, le monstre exige d'elle le prix de la rançon, du sang de son père... Mais tandis que la jeune fille désolée attendait chez une amie l'effet des promesses achetées si cher, elle entend un tambour; la curiosité la mène à la fenêtre... elle voit son père monter à l'échafaud. Elle tombe évanouie, et ne revient à elle que pour s'écrier : « *Les monstres! ils m'ont violée en me flattant de me rendre mon père...* »

Au moment du procès d'Avril, en 1834, dans lequel était impliqué Godefroy Cavaignac qui était accusé, comme diraient les Républicains d'aujourd'hui, « d'avoir fait partie d'une association de malfaiteurs », le fils de Vergers de Dax, qui avait épousé Mlle Labarrère, vint déclarer que le récit de Prudhomme était faux. Obéissait-il à un sentiment de piété filiale assez naturel et désirait-il ne pas laisser planer un souvenir pénible sur la mémoire d'une parfaite honnête femme? Disait-il toute la vérité? Il faudrait, avant de se prononcer définitivement, consulter les archives des Basses-Pyrénées ou des Landes, savoir dans quelles conditions Labarrère a été guillotiné.

Ce qui est certain, c'est que la Bourgeoisie terroriste, pour se substituer à la Noblesse comme classe dirigeante, commit des crimes monstrueux, des crimes qui dépassent ce que feront jamais les Anarchistes.

Nous avons protesté et nous protesterons toujours au nom de la morale éternelle, au nom du Décalogue, contre les attentats des Anarchistes; mais nous ne pouvons nous défendre d'une impression de dégoût en voyant les bourgeois révolutionnaires s'indigner bruyamment contre des forfaits dont ils ont donné l'exemple. Si vous n'aviez pas corrompu le peuple, si vous ne l'aviez pas perverti par le spectacle de chenapans couverts d'honneurs, si vous n'aviez pas élevé des statues à des assassins, il n'en serait peut-être pas où il en est.

Voilà la vérité. Le crime est toujours le crime; le mal est toujours le mal; seulement, quand le crime profite à la Bourgeoisie jacobine, elle le glorifie; elle l'anathématise, au contraire, et le voue aux dieux infernaux quand c'est elle-même que ce crime menace...

A VINGT ANS...

22 mai 1894.

Émile Henry a expié son crime, et la Société doit être satisfaite.

Les polytechniciens, qui s'amusaient avec tant d'entrain l'autre jour à la scène des *Ombres*, auraient peut-être pu penser à celle-là, avoir l'idée de sauver ce malheureux, se dire : « Il est très coupable, mais il a vingt ans comme nous; avec un peu plus de chance, il aurait pu être des nôtres ».

Peut-être l'un d'eux aurait-il pu, au milieu de la fête, essayer de présenter une supplique à Carnot, lui dire : « Votre grand-père a tué plus d'hommes qu'Henry. Le mot affreux d'Henry : « Il n'y a pas d'innocents parmi les Bourgeois », n'est que la réplique du mot authentique du grand Carnot : « Il n'y a pas d'innocents parmi les Aristocrates. »

A l'occasion du centenaire de notre École, accordez une grâce à la jeunesse ».

Une telle démarche aurait peut-être été contraire à l'étiquette sévère des Cours, et même des cours de mathématiques, elle aurait été, en tout cas, généreuse et humaine.

Les générations d'autrefois avaient de ces imprudences et de ces élans, au temps où l'attitude des étudiants décidait Louis-Philippe à arracher Barbès à l'échafaud.

Aujourd'hui, ce sont les Opportunistes et les Juifs qui commandent dans toutes les grandes Écoles. La belle jeunesse bourgeoise, qui jadis, poussait aux émeutes pour en faire sortir des Révolutions profitables, est maintenant implacable alors même qu'elle est folâtre. Groupée autour du chef de l'État, elle danse au Trocadéro pendant que l'on ajuste le couperet qui tranchera la tête d'un enfant de vingt ans!

A l'heure où le panier de son apportera au Champ des Navets une tête sanglante et un tronc mutilé, on apportera à l'Élysée la corbeille capitonnée de satin blanc dans laquelle l'arrière-petit-fils de Carnot, régicide et terroriste, disposera les merveilles destinées à Mlle Chiris, fille de l'opulent député réactionnaire et parfumeur...

César est toujours chez lui dans cet Élysée plein de souvenirs, qui vit Napoléon Ier signer sa première abdication et Napoléon III écrire ses derniers ordres, pour le Deux-Décembre, sur une table en mosaïque qui représente des colombes. Seulement, César, cette fois, s'appelle César Birotteau.

Au temps où régnaient ces monstres de rois, plus d'une souveraine profita d'un anniversaire ou d'une fête pour enlever des victimes au bourreau. Mme Carnot, très occupée à commander des robes pour la noce, n'a pas même daigné recevoir cette pauvre mère angoissée qui, hantée par la vision de la guillotine, se disait chaque soir : « Est-ce pour demain ? »

Demain, c'était hier...

Je ne crois commettre aucun délit en constatant que la Bourgeoisie révolutionnaire, qui doit tout à des insurrections et à des crimes, n'est véritablement pas tendre. Je souhaite comme homme qu'elle ne paye pas cruellement, plus tard, la froide férocité dont elle fait preuve ; mais j'avoue, comme historien social, que j'éprouve quelque effroi pour elle en pensant à ce que seront peut-être un jour les représailles.

Nous avons donné notre opinion sur un attentat que rien n'explique, mais enfin la même pensée vous obsède quand même. Il était si jeune ! Est-ce qu'on n'aurait pas pu essayer de la grâce ? Sans parler de Bousquet et des misérables qui avaient torturé leur enfant, la clémence présidentielle s'est étendue sur des êtres autrement odieux et qui n'avaient pas même l'excuse d'un fanatisme quelconque.

Écrire ceci est déjà grave en un temps où toute parole de pitié est réputée séditieuse. Quel cortège, cependant, aurait eu le fourgon d'Henry, si tous les assassins, qui sont morts honorés et dont les fils sont aujourd'hui respectés, avaient accompagné le décapité au cimetière d'Ivry !

Quels scélérats que ces Terroristes, et combien aussi eurent les mains teintes de sang, parmi cette aristocratie dont les membres aujourd'hui dégénérés font maintenant consister l'honneur à être admis les premiers au baise... main de Rothschild et de Raynal !

Les nobles, il y a cent ans, luttaient comme ils pouvaient et ne luttaient pas toujours par des moyens très orthodoxes.

Dans un chapitre intitulé la *Police de Napoléon*, Ernest Daudet, qui n'est pas suspect d'animosité contre le parti monarchiste, a soulevé un coin du voile qui nous cache l'histoire mal connue du commencement de ce siècle. Il nous a montré ce qui se passait, non pas même sous le Consulat, alors que l'ordre semblait rétabli, mais longtemps après la proclamation de l'Empire, quand le Pape, en personne, avait fait au nouvel élu les trois onctions consacrées et béni solennellement le globe, le glaive et le sceptre.

Des gens qui étaient excellents catholiques et qui appartenaient aux meilleures familles, ne se gênaient pas pour arrêter les diligences, délivrer les prisonniers, attaquer les gendarmes, se saisir d'évêques constitutionnels et les fusiller au coin d'un bois.

Quelques-uns ont mieux fini qu'Henry, et les chrétiennes populations du Canada ont longtemps conservé la mémoire du vénérable abbé de Closrivière, qui édifia les riverains de Saint-Laurent par l'exemple de ses vertus et l'évangélique douceur de ses maximes.

En France, l'abbé de Closrivière s'était appelé Limoelan; il avait été un des plus farouches lieutenants de Cadoudal. C'est lui qui, lors de l'attentat de nivôse, veillait rue Saint-Nicaise sur le tonneau de poudre destiné à faire sauter le Premier Consul, et qui ne tua que des grenadiers de l'escorte, qui s'étaient couverts de gloire à Marengo et qui étaient des victimes aussi intéressantes que les consommateurs du café Terminus.

Si Émile Henry avait réussi à s'échapper, il aurait peut-être terminé sa vie comme Limoelan.

Ceci vous explique qu'en province, où certaines traditions se sont conservées, on trouve un peu grotesque l'affolement de ces Droitiers qui s'allient aux Opportunistes les plus tarés pour supprimer toutes nos libertés, sous prétexte qu'il se commet des crimes, comme il s'en est malheureusement commis à toutes les époques troublées.

En cherchant bien dans les ancêtres de ces Droitiers, on en trouverait quelques-uns qui furent des révoltés dans le genre d'Henry, et qui, en tou cas, montrèrent un grand mépris pour les autorités constituées. Je ne dis pas cela pour du Bodan. L'aïeul de du Bodan était du côté de Ravachol quand Ravachol triomphait, et, dans le *Mémoire justificatif* de la municipalité de Vannes, nous le voyons figurer parmi ceux qui protestent de leur civisme.

Indignés des accusations de modérantisme qui leur sont adressées, les municipaux affirment qu'ils ont été les premiers à offrir une récompense de 60 livres à qui arrêterait un prêtre, et « qu'après la fuite du tyran, ils s'étaient réunis pour prêter ensemble le serment du 10 Août, pour proscrire la Royauté et voter la mort de Capet ».

Dans un pays qui, depuis un siècle, a vu de si étranges vicissitudes, de si extraordinaires spectacles et de si étonnantes métamorphoses, on aurait pu, tout de même, épargner de la besogne à Deibler et ne pas faire tomber une tête de vingt ans...

CENT ANS APRÈS...

22 juin 1894.

C'est un spectacle bien extraordinaire, encore une fois, et d'un dramatisme véritablement stupéfiant que cette mort de Carnot.

Cet honnête homme, cet ingénieur calme par nature, ce parlementaire scrupuleux, ce Président préoccupé avant tout d'être correct, frappé d'un coup de poignard en plein ventre au milieu d'une ville en fête, comme Gustave III par Inkorstrœm, — cela ne confond-il pas l'imagination?

Au fond, ce spectacle n'est extraordinaire que pour ceux qui n'ont jamais médité sur les lois mystérieuses qui gouvernent le monde. L'expiation, a-t-on dit, c'est le talion différé. Celui qui expie est toujours innocent du crime pour lequel il paye. Voyez le pauvre Louis XVII, l'enfant blond martyrisé par Simon ; songez à ce petit Prince impérial si héroïque et si pur ; ils ont payé pour d'autres.

Je me souviens d'avoir causé de ces choses avec Victor Hugo dans cet hôtel qui vient d'être vendu à un Juif. Victor Hugo disait, pour faire plaisir à des badauds qui étaient là : « Je ne comprends pas le péché originel, vous ne me ferez jamais admettre que je doive supporter les conséquences de la faute d'Adam. »

Lockroy soulignait ces propos de son rire de vaudevilliste alcoolique.

Je dis à Victor Hugo : « Mon cher maître, je ne m'explique pas qu'un génie tel que vous puisse tenir ce langage plus digne d'Homais que d'Homère. J'ai vu l'autre jour, à l'hospice des frères Saint-Jean-de-Dieu, un bambin de six ans couvert de toutes les floraisons syphilitiques. Il n'a commis aucune faute, je vous prie de le croire ; il souffre du péché originel. Alors, quoi ? Vous êtes bien forcé de vous incliner devant les lois de la Nature, puisque vous la célébrez avec un si exubérant panthéisme. »

Au fond, tout le mystère de la Rédemption est là : une victime volontaire s'offrant pour effacer la tache du péché originel et nous ouvrant les portes du Ciel par un miracle de son amour. C'est l'*Agnus Dei qui tollit peccata mundi*, ce n'est pas l'être d'expia-

CENT ANS APRÈS... 223

tion, c'est l'être d'immolation que nous célébrons en chantant :

> *O salutaris Hostia,*
> *Quæ cœli pandis ostium.*

Le moindre prêtre de village en sait plus long là-dessus que Victor Hugo; il voit très bien cheminer cette Justice éternelle qui n'est invisible que pour ceux qui ne regardent pas.

Il y a cent ans, des milliers d'innocents étaient égorgés à Lyon en vertu d'un décret du Comité de Salut public au bas duquel était la signature de Carnot.

« *La ville de Lyon sera détruite, disait l'article 3 de ce décret. Tout ce qui a été habité par les riches sera démoli.* »

Le sang coule à flots, les blessés râlent et demandent qu'on les achève.

Cent ans après, le petit-fils de Carnot fait son entrée solennelle dans la ville pavoisée. Toutes les autorités viennent se prosterner devant lui, l'archevêque, qui ne serait pas fâché d'être cardinal, ne craint pas de louer ce chef d'État qui a approuvé toutes les lois contre l'Église.

Soudain un assassin se dresse et frappe cet homme qui, personnellement, est intègre, qui, dans sa vie privée est sans reproches. Qui a suscité ce scélérat? Qui lui a inspiré ce détestable dessein? L'assassin est sorti d'un germe révolutionnaire laissé là par les lueurs de 93. Le Terroriste a enfanté l'Anarchiste et l'Anarchiste tue celui qui l'a engendré.

Dans tout ceci, remarquez-le, il n'y a rien de

surnaturel dans le sens que certaines gens prêtent à ce mot. Il y a le jeu logique et l'évolution régulière des idées dans les êtres et à travers les choses. Il est clair qu'une Société doit récolter ce qu'elle a semé. En plaçant le buste de Brutus, tueur de César, à la tribune de la Convention, en honorant les Massacreurs de Septembre, en élevant une statue à Barbès, en glorifiant toutes les insurrections victorieuses, le régime jacobin n'a pu raisonnablement espérer inculquer aux hommes la vénération pour l'autorité et le respect de la vie humaine.

Les Conservateurs de la Chambre sont les seuls dans le pays à ne pas voir ces évidences. Ils lèchent les bottes des assassins devenus gendarmes, et, en se mettant cyniquement du côté des ennemis de l'Église, en déclarant que le succès justifie tout, ils dépravent profondément encore la conscience publique. « Il faut des arrestations, des commissaires de police, des agents, beaucoup d'agents », crient les Doudeauville, les Reille, les Lanjuinais...

Alors, des hauteurs de la pensée où nous planions tout à l'heure, nous dégringolons dans les imbécillités les plus épaisses. Nous passons du théâtre de Shakespeare à une représentation funambulesque et horrible à la fois, où les pommes cuites tombent dans le sang.

Cette Bourgeoisie révolutionnaire n'est point seulement gangrenée moralement; elle est aussi atteinte d'une dégénérescence intellectuelle à peu près complète; elle a détruit dans les cœurs tous les nobles sentiments qui sont la sauvegarde de l'Ordre social, et elle ne sait plus même se défendre matériellement.

On arrête 2.000 malheureux absolument sans motifs puisqu'on est obligé de les relâcher, on les réduit à la plus noire misère puisque tous les ateliers se ferment désormais devant eux, on sème dans les masses des ferments de haine et de vengeance. « Il faut qu'une Société vive, et, quand elle veut vivre, il faut qu'elle se défende, elle a le droit de tout faire pour se défendre », vous répond M⁺ d'Hulst avec des airs féroces.

Là-dessus, le chef de l'État vient à Lyon, il sort en grande pompe du Palais du Commerce, un individu mal vêtu, coiffé d'un casquette de soie, monte sur le marchepied d'un landau occupé par quatre personnes et poignarde tranquillement le Président de la République.

A quoi ont donc servi les neuf cent mille francs votés par la Chambre? Ont-ils été exclusivement employés à assurer la sécurité de *Gospodar* et de *Matchbox* qu'on n'aurait certainement pas permis d'approcher d'aussi près?

Demain, tous ces gens-là s'en iront au Congrès. Des sénateurs nommés au suffrage restreint, des députés qui n'ont eux-mêmes été élus qu'à des majorités dérisoires se substitueront au pays pour imposer un chef à la France... Étonnez-vous que l'angoisse soit partout et que cette nation, ainsi livrée à des politiciens plus ou moins chéquards, sente flotter sur elle je ne sais quoi de sinistre, d'énigmatique et de sombre...

Lyon : Fourvières.

AU CONGRÈS

27 juin 1891.

A l'heure où paraîtront ces lignes, une troupe d'hommes à face patibulaire, pour la plupart alopéciques, ataxiques et cagneux se dirigera vers ce palais de Versailles qui éveille encore une éblouissante vision de majesté et de gloire. Ce soir, ces hommes vous rapporteront un Maître. Lequel? Je n'en sais rien. Ce qui est certain, ce qui doit rassurer les amis du principe d'autorité, c'est qu'ils vous en rapporteront un...

Vers l'an 41 de l'ère chrétienne, les soldats qui venaient d'égorger Caligula trouvèrent blotti derrière une tapisserie un idiot qui tremblait de peur.

— Ne me tuez pas! bégaya le pauvre diable.

— Tu es bête! Nous ne voulons pas te tuer, nous allons, au contraire, te faire empereur.

Le Pavois.

Les prétoriens chaussèrent à l'homme les brodequins de pourpre et le conduisirent au Sénat qui l'acclama. C'est ainsi que Claude succéda à Caligula qui venait d'avoir des malheurs.

Si la séance se prolonge, on trouvera peut-être, dans un couloir de ce palais plein de nobles souvenirs, quelque personnage consulaire à moitié en enfance, un octogénaire quelconque comme Arago, qu'on acclamera pour pouvoir aller dîner.

On mettra le très auguste Président dans un landau, qu'on prendra fermé cette fois, et on le ramènera vers Paris avec une escorte de cuirassiers.

Il est des personnes pour lesquelles cette investiture constitue un grand progrès. J'avoue ne pas partager cette opinion. Je regrette ces Assemblées du Champ de Mai où les Francs, nos ancêtres, élevaient sur un pavois le plus vaillant et le plus solide parmi eux. Je ne fais même aucune difficulté de déclarer que l'élection par les prétoriens me semble infiniment plus logique.

Les rudes légionnaires, qui avaient fait respecter la grandeur du nom romain, combattu les Bataves, les Germains ou les Parthes, étaient plus autorisés à désigner un chef pour l'empire que les 104 de la liste d'Arton et les *Non-lieu* du Panama. Quand un corps électoral est composé d'individus comme Floquet, comme Rouvier, comme Roche, comme Burdeau, comme Devès, ce n'est vraiment pas le cas de dire : *mens sana in corpore sano.*

L'Urne.

Le *Donativum* est toujours là, mais ce ne sont plus de braves soldats qui le touchent, ce sont d'immondes chéquards qui se feront payer par le maitre de demain le concours qu'ils auront donné à l'élection d'aujourd'hui...

Quant au choix en lui-même, je ne vous cache pas qu'il m'est parfaitement égal et je suppose qu'il en est de même pour vous. Les deux lascars qui tiennent la corde se valent ou à peu à près.

L'un est plus faquin peut-être, plus infatué de ses millions, l'autre est plus cuistre, plus imprégné encore de la crasse originelle. Au point de vue du sens moral, c'est *kiff kiff*, avec cette différence peut-être que Casimir-Perier est moins excusable dans son cynisme que Dupuy.

Quand on a quarante millions, il semblerait qu'on se puisse payer de la vertu comme on se paie une fleur rare et qu'on n'eût pas grand effort à faire pour être scrupuleux et vigilant en ce qui touche à l'honneur.

Casimir ne voit pas ainsi. Il sait dans quelles conditions ont été conclues ces Conventions qui ont été enlevées par Raynal avec Baïhaut comme sous-secrétaire d'État et Rouvier comme rapporteur. Il n'a pas la moindre illusion sur ce point et il n'en a pas moins pris Raynal comme collaborateur dans ce ministère éphémère qui s'est résumé en deux têtes coupées.

Quant à Dupuy, l'agent Dupas, chargé de négocier avec Arton, nous a définitivement fixé sur le compte de cet extraordinaire ministre de l'Intérieur qui envoie prévenir ceux que la Justice française fait semblant de rechercher.

Dissemblables en leurs allures extérieures, Casimir et Dupuy ont un sentiment commun : la même haine pour le peuple. Ils n'existent tous deux que par la Démocratie, ils n'occupent la situation qu'ils occupent que parce que des milliers d'ouvriers se sont fait tuer sur les barricades pour fonder l'état de choses actuel, et ils n'ont tous deux que de l'aversion pour ceux auquel ils doivent tout.

L'hôtel que Casimir-Perier habite, le luxe princier qui l'entoure, la voiture qui le traîne, il doit tout cela à ces malheureux mineurs dont la

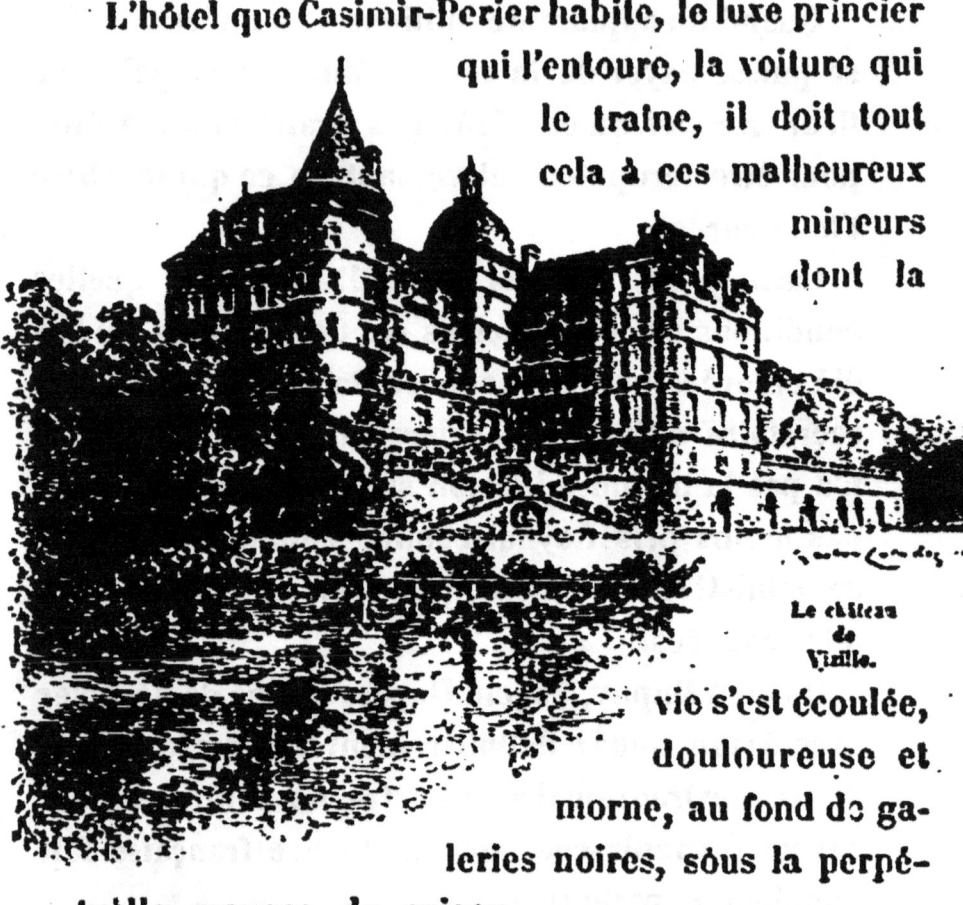

Le château de Vizille.

vie s'est écoulée, douloureuse et morne, au fond de galeries noires, sous la perpétuelle menace du grisou.

Dupuy est dans le même cas. Ignorant et sans lettres, il n'aurait pu, dans une Société régulière, se faire même la place honorable et modeste que se sont faite les Patin, les Gérusez, les Egger, les Merlet, qui discutaient sur un *epsilon*, épiloguaient sur un accent phonétique, mettaient des notes savantes au bas de vieux textes classiques, discutaient si la troisième églogue était imitée de Théocrite ou inspirée par Moschus ou par Bion. Stupide et grossier, il n'a pas même le génie de la glose et l'ingéniosité du commentaire. Ce n'est pas dans le commerce des grands esprits de l'antiquité, toujours jeunes sous la poussière des siècles, que se plait l'assassin de Nuger, c'est dans le commerce d'Arton.

Si ce Dupuy est quelque chose, s'il loge dans un palais, c'est que des prolétaires ont voté pour lui, et son premier soin a été de fermer la Bourse du Travail, où les ouvriers se réunissaient pour discuter leurs intérêts et chercher les moyens de manger tous les jours...

Ce n'était là qu'un commencement; et, comme Casimir, Dupuy espère bien avoir une belle émeute à réprimer; il espère voir se renouveler, tandis qu'il sera abrité par des régiments, les scènes atroces des journées de Juin ou de Mai. Il a lu dans un livre que Sylla aimait ces fêtes sanglantes; seulement Sylla avait vaincu auparavant Mithridate...

C'est entre ces deux êtres également répulsifs que se décideront les 104 et les amis des 104. Vous saurez ce soir lequel a promis le plus gros *dona-tivum*. Et, malgré tout, quelque chose vous dit que tout cela ne durera pas et que nous verrons encore des événements...

LA VOIX DE PARIS

2 juillet 1894.

Le malheureux Carnot a eu hier de magnifiques funérailles, et, pour employer l'expression de

La Galerie des Rois à Notre-Dame.

Bossuet, on lui a prodigué « ces honneurs auxquels rien ne manque que celui auquel on les rend ».

L'Opinion publique s'est associée à cette démonstration dans la mesure de ce qui était juste et convenable.

Elle a souri des exagérations ridicules de ces journaux opportunistes, oscillant sans cesse entre la servilité de Dangeau et les dénonciations de Marat, qui traînent dans la boue tout ce que nos pères ont vénéré, et qui dépassent en platitude, vis-à-vis des personnages officiels, tous les Porte-coton du passé.

Elle a été équitable pour un honnête homme. S'il n'eut rien d'un grand homme, s'il ne s'est signalé par aucun service rendu au pays, Carnot, en définitive, ne fut ni un chéquard, ni un débauché, ni un cruel, quoiqu'il fût inaccessible aux généreuses et intelligentes pitiés, à ce sentiment de la miséricorde qu'ont eu des êtres qui étaient plus violents et plus passionnés que lui.

Au fond, l'image qui restera de celui qui a disparu dans une catastrophe inattendue, est celle que traçaient de lui les chefs ingénieurs en marge de son dossier, alors qu'ingénieur de troisième classe à Annecy, il émargeait au budget pour la somme de 2.500 francs.

Au dire des supérieurs, l'éducation était « très

bonne et très distinguée », le caractère « bon et affable », la tenue et la conduite privée « parfaites ».

En réalité, ce fut un personnage d'Ohnet désigné à l'attention publique par la sanglante auréole que les crimes de 93 avaient faite à son grand-père. Hissé, malgré lui, à des sommets pour lesquels il n'était pas fait, il a terminé dans une tragédie le paisible roman d'une vie que les orages n'agitèrent jamais et qui, s'il eût porté un autre nom, eût été absolument terne et grise.

L'attention, d'ailleurs, n'était pas pour le char fastueux qui portait au Panthéon la victime de Caserio; elle était pour ce jeune *imperator* de la Bourgeoisie capitaliste qui, l'air hautain et la mine arrogante, traversait ce Paris dans lequel un million d'hommes était accouru pour savoir comment était fait leur maître.

L'élu du Congrès a dû avoir un beau moment, un de ces moments qui datent dans la vie, en se disant que le denier d'Anzin lui avait donné ce que les Pyramides et Marengo avaient donné à Bonaparte, le droit de porter seul le collier d'or orné des faisceaux consulaires.

En levant les yeux, le nouveau Président a pu apercevoir le Paris badaud et le Paris industrieux, les *cokneys* que les agents refoulaient avec une provocante brutalité, le petit monde désireux de gagner quelques sous en élevant des estrades ou en installant des échelles que la Police, qui n'avait su protéger Carnot à Lyon, faisait enlever avec toutes sortes de grossièretés.

De ces multitudes agglomérées sous un soleil torride, il a senti monter l'odeur de la sueur humaine. N'est-ce point le vrai parfum qu'il faut pour honorer ce chef d'esclaves, l'encens qu'il convient de faire fumer devant ce Démocrate quarante fois millionnaire, favori des Rothschild et ami de tous les exploiteurs fameux?

Si de tels hommes étaient capables de méditations un peu élevées, la route, cependant, eût été instructive pour le triomphateur d'aujourd'hui... Il n'est pas sur le chemin qui va de l'Élysée au Panthéon, un pavé que le Peuple n'ait rougi de son sang; il n'en est pas un seul sur lequel il n'ait posé un pied victorieux dans ces journées où les ouvriers se faisaient tuer pour le grand avantage et la gloire toujours grandissante de la Bourgeoisie née maline.

Sur cette place de la Concorde que Casimir-Perier a traversée, escorté par des cuirassiers sabre au clair, il y avait du monde aussi le 21 janvier 1793. On avait disposé aussi des chaises, et des tréteaux, et des curieux s'étaient entassés pour mieux jouir du spectacle, jusque sur les chevaux de Coysevox.

Dans cette rue de Rivoli, dont l'hôtel de Rothschild fait l'angle, il y eut bien des événements autrefois; c'était là qu'était la salle du Manège où la Convention jugea Louis XVI. A la place de ces galeries où l'on offrait des places sur un échafaudage pour voir passer Casimir Ier étaient les cellules du couvent des Feuillants. C'est dans ces pièces carrelées, étroites et nues que le roi et la reine passèrent deux nuits après le 10 Août, et c'est là que l'ambassadrice d'Angleterre, lady Sutherland, dont le fils avait l'âge du futur Louis XVII, envoya des chaussures au Dauphin qui n'avait plus de souliers.

Voilà, maintenant, la place fatidique où sont venues aboutir toutes les émeutes, toutes les émotions, toutes les allégresses, tous les enthousiasmes, toutes les fureurs du vieux Paris, la place de Grève, la place des feux de joie et des exécutions capitales. C'est là qu'on pendit Dubourg, qu'on décapita Lally Tollendal avec un bâillon dans la bouche, qu'on exécuta Favras et qu'on guillotina les quatre sergents de la Rochelle.

Oh! combien touchants ces braves jeunes gens! On les a chantés, on les a mis dans des romans, on leur a élevé un tombeau où toute la jeunesse libérale allait en pèlerinage déposer des fleurs, tandis que les polytechniciens se rendaient de préférence sur la tombe de Vaneau, tué à l'attaque de la caserne de la rue de Babylone.

— Qu'avaient-ils donc fait ces braves jeunes gens? demanderez-vous.

— Ils avaient voulu assassiner le roi...

— Alors, c'étaient des misérables, des scélérats comme ces Anarchistes qui s'arment du poignard?

— Mais non, mais non... Vous vous obstinez à ne pas saisir les nuances. Tant que la Bourgeoisie n'a pas triomphé, ceux qui commettaient des crimes politiques étaient des espèces de héros; les scribes et les poètes bourgeois leur faisaient une sorte de légende; maintenant qu'ils dérangent la Bourgeoisie, les assassins politiques sont des monstres vomis par l'Enfer.

Pour nous, le mal est toujours le mal, et nous le flétrissons toujours; mais, pour la Bourgeoisie issue de 89, le mal n'existe que lorsqu'il ne lui profite pas. C'est la moralité de ces gens-là.

...Mais nous voici arrivés devant Notre-Dame. L'antique basilique a vu passer sous son porche tous les rois de la 3ᵉ dynastie; une prostituée y fut adorée sous le nom de déesse Raison et, douze ans après, un Pape y sacrait un soldat de

De Notre-Dame au Panthéon.

fortune; aujourd'hui, le clergé y reçoit Casimir-Perier en grande pompe... C'est la dernière étape avant le Panthéon où l'on a déposé les cendres de ceux dont on avait brûlé les écrits...

Ce sont là de bien étranges vicissitudes et des pensées faites pour tenir compagnie pendant un tel trajet. Mais le jeune *imperator* n'a rien compris à ce qui se déroulait devant lui à mesure qu'il tournait une rue comme se déroule un livre qui devient plus instructif à mesure que l'on tourne une page.

Il n'a pas écouté la voix de Paris, il a supputé les voix acquises à ses projets de réaction; il s'est dit combien les Opportunistes étaient vils et combien les Droitiers étaient coquins, et il va nous proposer, au seuil du XXe siècle, une nouvelle loi contre la Presse.

Voilà tout ce qu'aura appris à un homme, relativement jeune encore, cette promenade derrière un cercueil à travers cette ville prodigieuse, mystérieuse et troublante, où chaque pierre rappelle les victoires de la Liberté contre la violence, et raconte l'impuissance de la force des baïonnettes contre la force des idées...

A BRUXELLES

DEVANT SAINTE-GUDULE

15 juillet 1894.

Je ne vous cache pas que l'histoire de ce malheureux Anglais qu'on a arrêté pour avoir regardé le ministère des Affaires étrangères m'a donné à réfléchir. C'était un touriste prévoyant, puisqu'il avait emporté avec lui une petite gourde de café que des agents pleins d'épouvante ont versé dans un baquet d'eau; mais il n'avait certainement pas prévu le dénouement de son voyage.

Ce fils d'Albion, ne sachant pas un mot de français, n'a pu manifester son étonnement, mais il s'est hâté de repasser la Manche, et c'était certainement ce qu'il avait de mieux à faire.

C'est un cas intéressant encore que celui de cet infortuné qu'on a envoyé au Dépôt pour s'être écrié,

en regardant une photographie de Casimir-Perier :
« Il a une binette qui ne me plaît pas! »

Étant de ceux auxquels la binette de Casimir-Perier ne plaît qu'à moitié, je crois que j'ai sagement agi en venant voir à Bruxelles la procession de Sainte-Gudule.

Pendant que j'irai visiter la Bruges de Rodenbach, ces dangereux imbéciles se calmeront peut-être un peu.

C'était une véritable merveille que cette procession : sous un soleil radieux, ce défilé de centaines de bannières de vieilles corporations et de confréries toutes plus curieuses les unes que les autres se déployant au milieu de cierges ou de petites lanternes Moyen Age.

Avec cela, un respect de la liberté des autres plus développé que je ne l'aurais cru dans un pays où l'on disait la Franc-Maçonnerie si puissante. Il y avait certainement à côté de moi des indifférents et des athées; ils n'ont pas paru surpris quand nous nous sommes mis à genoux dans la rue au moment où passait le Saint-Sacrement.

Par une association d'idées, je pensais, en me relevant, à l'article de Fournière que j'avais lu en wagon et dans lequel il disait, qu'après la suppression du budget des Cultes, il est vrai, il trouve-

Bruxelles : Sainte-Gudule.

rait tout naturel qu'on laissât circuler dans nos rues des processions de toute nature : des processions de Catholiques, de Francs-Maçons, de Libres-Penseurs, de Socialistes, de Communards.

Qu'est-ce que cela peut me faire à moi que les Communards traversent Paris avec un drapeau rouge pour aller saluer leurs morts au Père-Lachaise? Qu'est-ce que cela devrait faire à ceux qui gouvernent, puisqu'ils ont choisi un ancien Communard comme ambassadeur de France?

Le grand crime des Droitiers, qui s'allient aux plus impurs Chéquards et aux plus cyniques Nonlieu pour organiser le monstrueux régime qui commence à fonctionner, est précisément de rendre impossible cette réconciliation de tous les Français qui auraient fini par se supporter réciproquement.

C'est vous, pauvres prêtres, que j'ai toujours défendus, c'est vous que je défends encore en défendant ces ouvriers qu'on veut traiter comme du bétail humain, qu'on veut avoir le droit d'arrêter, de juger, d'envoyer à Nouméa et à Cayenne.

Vous serez plus tard emprisonnés et jugés comme cela, avec une apparence de légalité, et vous comprendrez alors seulement l'ignominie des de Mun, des Reille et des Mackau qui se préparent à voter la loi nouvelle.

Vous comprendrez ce que cela veut dire, cette chose, sans exemple peut-être dans l'histoire des peuples civilisés : Défense de rendre compte d'un procès, de donner les preuves de l'innocence d'un accusé si par hasard il est innocent.

Songez à ce que doit souffrir un malheureux qu'on arrête sur la dénonciation d'un Juif quelconque, parce qu'il n'a pas voulu se laisser voler par ce Juif et qui ne peut arriver à prouver qu'il n'a rien fait ! A qui voulez-vous qu'il s'adresse ? Défense de parler de l'instruction... Auprès de qui voulez-vous que sa plainte trouve un écho ? Défense de parler des débats...

Bruxelles : l'Hôtel de Ville.

C'est la chambre de torture sourde, la chambre de torture matelassée, afin que nul cri n'en sorte, que Sardou a montrée dans *Patrie*; c'est l'*in pace* dans lequel on meurt désespéré en se cognant inutilement la tête contre les murs.

Jadis, en écrivant avec son sang sur un lambeau de sa chemise, Latude pouvait jeter par une embrasure de la Bastille cette lettre d'angoisse datée de la *deux cent millième heure de sa captivité*.

Une femme du peuple au cœur généreux, Mme Legros, trouvait cette lettre dans la rue et se passionnait pour la cause du prisonnier. Nos magistrats sont plus férocement subtils qu'au temps de Latude. Aujourd'hui, Mme Legros serait arrêtée immédiatement... Correspondance avec un Anarchiste ! Songez donc !...

Et les misérables qui votent des lois pareilles de connivence avec d'anciens Révolutionnaires repus, sont des gens comme d'Arenberg, dont la grand'mère a été guillotinée avec un prêtre, pour avoir reçu une lettre de sa fille émigrée !

Montalembert du moins a refusé de se prêter à cette ignominie. Il s'est souvenu que son grand-père, ancien officier de cavalerie, eut le cou coupé le même jour qu'André Chénier, coupable d'avoir fait l'apologie de l'assassinat dans des vers immortels consacrés à Charlotte Corday.

« L'Ange de l'assassinat ! » Quel apologiste anarchiste que ce Lamartine ! Et leur Judith ? En ai-je reçu des lettres de catholiques, dans lesquelles on me reprochait d'avoir parlé sans enthousiasme de cette veuve de Béthulie qui avait assassiné Holopherne !

Il convient, d'ailleurs, au risque de se répéter, de poser nettement la question, afin de ne laisser plus tard aucun moyen d'ergoter aux Droitiers et aux Ralliés qui feront l'appoint de la majorité qui aura les 104 pour noyau.

Nous admettons que l'on élève les pénalités tant qu'on voudra, qu'on multiplie les rigueurs contre les auteurs de crimes que nous n'avons cessé de flétrir, mais nous trouvons abominable que l'on enlève la connaissance de ces crimes au Jury et qu'on la remette à des juges dépendant du Gouvernement, alors que l'on déclarait jadis, à tout instant, que ces magistrats étaient des vendus et des crapules...

De ce vote, Droitiers et Ralliés ne peuvent donner aucune explication ; ils n'en pourraient fournir qu'une : la faiblesse du Jury. Or, le Jury a condamné à mort Vaillant et Henry et il lui eût été vraiment difficile de faire davantage. Il a condamné à deux ans de prison un jeune homme de vingt ans coupable d'avoir écrit à propos de Carnot quelques lignes odieuses et là, encore, il ne pouvait faire plus, puisque c'était le *maximum*.

L'infamie que commettent ceux qui se font les complices de Dupuy est donc sans atténuations et il est nécessaire de le leur dire jusqu'au dernier moment.

Je suis convaincu, en effet, que ce faux Seize-Mai, s'il n'avortait pas misérablement, comme cela est probable, aurait les plus épouvantables conséquences pour le pays. Le mystère de ces tribunaux clandestins, où des Toutée jugeront dans les ténèbres de la nuit, affolera peu à peu les cerveaux et il se produira une telle poussée d'indignation et de fureur, que les conspirateurs orléanistes seront une fois de plus débordés.

Sans doute, après une commotion terrible, après une longue guerre, un général victorieux pourrait faire régner dix ans un régime de fer. Mais ce pauvre Casimir-Perier est visiblement trop mince pour l'emploi.

« On vit de ce qu'on est et de ce que l'on crée », a dit Proudhon. Qu'est donc par lui-même ce favori de la Fortune? Qu'a donc donné à ce pays cet homme qui ne doit son luxe qu'au travail des autres? Il est, dès à présent, marqué du signe de la Fatalité. Il est condamné à échouer dans une œuvre méchante, illogique et absurde. Avant six mois, haï et méprisé de tous, il maudira les conseillers funestes qui ne craignent pas de déchaîner sur ce pays une révolution qui aurait pu encore être retardée.

C'est, du reste, une des opinions de Mgr d'Hulst. Le langage qu'il tient à Notre-Dame vaut mieux que celui qu'il tient à la Chambre. Au Palais-Bourbon, il s'associe parfois avec des coquins comme Dupuy. A Notre-Dame, devant l'image du pâle supplicié du Calvaire qui fut crucifié entre deux criminels, il s'exprime d'une autre façon et il s'écrie :

« ... *Et savez-vous, messieurs, ce qui m'afflige? C'est que tandis que les destructeurs ne se trompent pas sur l'attaque, les gardiens de l'ordre se trompent sur la défense.*

« *De la force, de la répression, disent les uns.*

Des concessions, des flatteries, insinuent les autres. Vains remèdes que tout cela. Un sabre ne vous protégera pas; des actes de faiblesse ne vous sauveront pas. Et qui nous sauvera donc?

« Dieu, si vous lui permettez de le faire, si vous l'écoutez quand il vous montre les vraies conditions de la Réforme sociale. »

C'est précisément ce que nous avons toujours dit.

Au lieu de frapper à tort et à travers, efforcez-vous de moraliser par l'exemple. Au lieu de faire des lois scélérates pour envoyer à Mazas les journalistes indépendants coupables de dénoncer les voleurs, demandez donc à Dupuy des nouvelles de ses négociations avec Arton! Demandez-lui pourquoi on a remis Soubeyran en liberté! Demandez-lui ce qu'il compte faire pour cette association de malfaiteurs qui a détroussé les actionnaires du Panama et qui avait pour chefs Rouvier, Freycinet et Burdeau...

BONJOUR, PARIS!

19 juillet 1894.

Bonjour, Paris! C'est le cri que je poussais à Pélago en montant sur une chaise pour apercevoir un bout de cheminée et un lambeau de ciel. C'est le cri qui sortait de ma poitrine le jour de ma libération, alors que la Police, qui n'a pas mis un seul agent autour de la voiture de Carnot, avait mis quatre roussins à mes trousses pour savoir où j'allais me faire couper les cheveux.

Bonjour, Paris! C'est le cri que je pousse sous les ombrages du Parc, après avoir été faire un tour dans les Galeries de la Reine.

Je t'ai aimé, je t'ai chanté, mon vieux Paris, je t'ai décrit dans un volume que l'Académie française a couronné jadis, et dont Flammarion a fait, avec Coindre, un bijou typographique.

Je suis ton fils, je suis indépendant comme toi; sans être bégueule, j'ai, comme toi, l'horreur instinctive de tous ces écumeurs de la Haute Banque qui ont élevé leurs monstrueuses fortunes sur la ruine d'infortunés qui avaient travaillé toute leur vie pour amasser quelques sous.

Et me voilà à Bruxelles regardant passer les chiens qui, ici, traînent les voitures de laitiers...

Laitière à Bruxelles.

Les Cosmopolites, les espions, les flibustiers, les Juifs baragouineurs de tout poil et de toute tribu, les Rothschild et les Erlanger, les Ephrussi et les Stern, les Bischoffsheim et les Camondo sont tranquillement installés chez nous... Et voici qu'un Parisien de Paris, qui n'a jamais rien volé à personne, est obligé de quitter sa maison sous peine d'aller à Mazas.

C'est un peu fort! Mais il faut en rire. Ceci ne

coûte guère, car notre courage est fait de bonne humeur et de gaieté comme notre œuvre est faite, au fond, de générosité et de bonté.

Quels gredins tout de même que ces gens-là! Que de haines sont venues à moi depuis deux ans que *la Libre Parole* est fondée! Que d'hommes exaspérés et furieux nous ont apporté des documents et des papiers! Que de fois j'ai jeté à mes pieds des armes qui auraient pu blesser des innocents à côté de coupables! Que de Juifs se sont fait recommander par des confrères pour nous dire, avec leur sourire cauteleux et leur parole cajolante et fourbe : « Vous faites une guerre d'idée, mais nous savons que vous n'avez pas le cœur cruel. Ne parlez pas de cette famille! N'insistez pas sur cet incident. »

Que de fois je me suis laissé attendrir aux propos des petits camarades de Burdeau qui, sur la foi du docteur Miracle, s'en allaient disant : « Pauvre Burdeau! Il est perdu! Le docteur déclare qu'il ne passera pas l'année. »

Que de fois j'ai dit à mes collaborateurs : « Ne vous acharnez pas après cet homme. Après tout, s'il a été un travailleur de Donon, il a été un peu aussi un travailleur de la Pensée. Il a aidé de Lesseps à dévaliser le pauvre monde, mais il a traduit

Les obsèques de Bardeau.

Schopenhauer — ce qui est agréable pour ceux qui aiment ce genre-là. »

Aujourd'hui, ce jeune malade à pas lents, pour lequel Millevoye ne rimera certainement pas d'élégie, est le plus implacable des bâillonneurs de la Presse... S'il désespère de voir la chute des feuilles, il espère bien voir la chute de la mienne.

En ces instincts irréfléchis d'humanité, je suis aussi bête que toi, mon cher Paris, que toi qui es coutumier de ces attendrissements qu'on nous fait toujours chèrement payer. Le mot ne te fâchera pas, car tu sais qu'il n'y a que les gens d'esprit qui fassent des bêtises. Si le mot te déplaisait, je me contenterais de dire que je suis comme toi un grand naïf.

T'en souviens-tu comme ils étaient abandonnés de tous, ces cléricaux, après la grotesque équipée du 16 Mai, conspués du soir au matin, et quelles attaques immondes pleuvaient sur les Religieux expulsés? Nous les avons défendus alors, avec quelque éloquence, a-t-on dit. Les livres où l'on parlait d'eux se vendaient à 1.500; les nôtres ont eu des millions de lecteurs.

Aujourd'hui, les élèves de ces gens-là, les Plichon et les d'Elva, payent leurs dettes en gentilshommes; ils votent des lois qui permettent de mettre les menottes à un écrivain et de l'envoyer au Dépôt entre deux malfaiteurs de droit commun.

Il est vrai que d'Elva prétend qu'il n'est point responsable de ces votes et qu'un membre de la Droite lui vole régulièrement ses bulletins. Il ferait bien, cette fois, d'ouvrir l'œil. Il serait bien extraordinaire, en effet, qu'après m'avoir félicité jadis pendant tout un dîner de mon énergie à flétrir des magistrats pourris, il opine aujourd'hui à ce qu'on m'arrache au Jury pour me faire juger par ces pourris...

Que veux-tu, mon pauvre Paris, c'est l'éternelle histoire du serpent qui mord celui qui l'a réchauffé.

Il est là, étendu sur la route, inerte et glacé, on en a pitié, on le ranime avec ce tout-puissant cordial qui s'appelle le mot de Liberté. Dès qu'il a repris ses forces, il menace de sa morsure empoisonnée celui qui s'est montré compatissant et humain... Vous aviez cru défendre un chrétien attaqué dans ses croyances ; ce n'était pas un chrétien, c'était un vil politicien qui veut vous expédier à Nouméa pour tripoter à son aise avec les Rothschild et les Hirsch.

Bruxelles :
La colonne du Congrès.

Bonjour, Paris, excuse-moi de ne pas t'en écrire plus long. J'espérais être plus tranquille ici qu'au boulevard Montmartre et, depuis deux jours, je passe mon temps à expliquer ces énormités à ces Belges, si hospitaliers et si habitués aux mœurs de la Liberté qu'ils ne peuvent comprendre qu'on ait versé des flots de sang pour en arriver à imposer à un pays, qui a fait la Révolution de 89, un régime à peine digne des nègres de l'Abyssinie.

Quelques-uns ont tenu à venir avec moi saluer la Liberté de la Presse.

La Liberté de la Presse est une des quatre statues qui décorent les angles de la colonne du Congrès. Les trois autres sont : la Liberté des Cultes, la Liberté de l'Enseignement, la Liberté d'Association.

Voilà les assises quadrangulaires de la Constitution belge dont le préambule est gravé sur la colonne du Congrès.

Je crois qu'à l'heure actuelle, beaucoup de nos députés soi-disant républicains, sentiraient la rougeur leur monter au front s'ils passaient devant le monument qui rappelle que, si la Belgique a pu échapper à l'Anarchie, elle le doit à son immuable respect pour les droits des Citoyens...

DE REINACH A VAILLANT

23 juillet 1891.

Poussière et boue... Jaurès a résumé l'histoire de ces vingt dernières années lorsqu'il a dit : « La poussière, à certains moments, devient de la boue. »

Depuis vingt ans, la Franc-Maçonnerie juive a réduit en poussière tout ce qui consolait et rafraichissait l'âme des hommes... Poussière, les vieilles traditions et les antiques croyances... Poussière, les grands sentiments d'autrefois : le culte du drapeau, l'intégrité des magistrats, la fidélité aux convictions, le respect du nom honorablement porté de père en fils...

Poussière, vous dis-je, que tout cela... Le magistrat qui condamne impitoyablement le pauvre diable qui a volé des pommes de terre dans un champ, acquitte, avec toutes sortes de politesses, le financier qui a volé des millions. Les représentants de la vieille aristocratie française recherchent, pour les marier à leurs fils, les filles des Juifs les plus déshonorés en se disant que les plus malpropres doivent être les plus riches.

Il n'y a rien, plus rien que la poussière, la poussière glorieuse que soulève dans la grande avenue des Champs-Élysées le landau de quelque flibustier de la Haute Banque qui a réduit des milliers de braves gens à la misère, au désespoir ou au suicide, avec les Bons turcs, les emprunts argentins ou les emprunts du Honduras...

Un beau jour, l'orage a grondé et la poussière s'est changée en boue, la boue de Wilson, qui, en comparaison de ce qu'on a vu depuis, était simplement de la crotte.

On a fait semblant de balayer, et la poussière est redevenue la poussière triomphale qui enveloppe d'un nuage léger les beaux retours de courses et le défilé devant la foule badaude de tous les filous célèbres et de toutes les prostituées bien cotées.

Le ciel s'est assombri de nouveau et nous avons eu la boue du Panama, la vraie boue noire, collante et tenace que nulle brosse ne peut faire disparaître et dont la benzine des Non-lieu de complaisance n'efface pas la trace ignominieuse... Nous avons vu patauger là-dedans, pendant près d'une année, les ministres et les députés, et nous les y verrons, dans quelque temps, barboter plus éperdument encore avant de se noyer définitivement...

Voilà ce qu'a indiqué merveilleusement Jaurès en montrant les origines de l'état d'esprit anarchique. Poussière et boue... Tous ces programmes déchirés, toutes ces promesses tra-

Poussière !!...

hies, toutes ces espérances trompées ont laissé au peuple la sensation de dégoût que laisserait une poignée de cendres dans la bouche... Tous ces scandales, ces marchés honteux ont produit sur les plus difficiles à émouvoir l'impression d'un cloaque pestilentiel, dont les exhalaisons méphitiques corromperaient tout le voisinage.

Poussière et boue... Mensonge et corruption, désillusion et vénalité, lâcheté ou trahison, imbécillité ou scélératesse : voilà le bilan du régime actuel.

Ce que Jaurès a dit, d'autres auraient dû le dire ; mais, dans ce qui fut le parti catholique, il n'y a plus que des approbateurs de Rouvier et des amis de Reinach. Nous avons eu, nous aussi, notre poussière, la poussière des vains discours et des déclamations vides, et cette poussière, elle aussi, s'est changée en boue.

Puis de la boue du Panama sont nés des hommes de sang, des êtres fantastiques et difformes comme les monstres qui sortirent des alluvions du déluge, des gens qui, pris d'une névrose affreuse, ont tué pour tuer, ont détruit pour détruire.

Le régime actuel qui, dans les Assemblées et les Académies, glorifie les Terroristes de 1793, a été pris d'une sorte de frénésie, d'épouvante en voyant surgir tout à coup devant lui les Terroristes de 1893 et de 1894.

C'est cette histoire-là que vous lirez dans ces pages qui vous montreront le monde bourgeois en face de la Société qu'il a faite, les bénéficiaires sanglants de la Révolution aux prises avec des héritiers qui réclament leur part, les Jacobins nantis en face des Anarchistes qui veulent se nantir.

C'est un spectacle très saisissant et très beau pour ceux qui sont capables de penser.

MANNEKEN-PIS

DEVANT LA JUSTICE

13 septembre 1894.

Les temps sont durs pour les êtres ingénus et naïfs. Voilà Manneken-Pis lui-même, « le plus ancien Bourgeois de Bruxelles », poursuivi et condamné devant les tribunaux.

Il suffit d'avoir habité Bruxelles quelques jours seulement pour partager l'affection que les Bruxellois éprouvent pour ce petit enfant gracieux qui est comme le Palladium de cette ville, le fétiche aimable dont on ne parle qu'en souriant.

Cette fois encore, nous pouvons constater combien tout est affaire d'impression et de milieux. On ne peut imaginer une ville plus décente que Bruxelles.

Cette prostitution publique qui, à certaines heures, rend nos rues et nos boulevards inaccessibles aux familles honnêtes, est absolument inconnue ici. Les jeunes gens et les jeunes filles n'y rencontrent pas à chaque instant la provocation à la débauche par la parole, par le geste, par l'affiche, par la vitrine, par le dessin. Cette ville n'a point, cependant, l'aspect désagréable, revêche et morne de quelques cités protestantes; elle est gaie, avenante, plaisante aux regards, mais sans le côté interlope et luxurieux de certaines capitales.

Dans ces conditions, l'image un peu naturaliste de cet enfant ne choque personne. A Paris, Béranger, qui juge tout simple qu'on donne la croix d'officier de la Légion d'honneur à un pornographe de profession comme Zola, monterait à la tribune pour demander qu'on démolisse cette élégante statuette qui semble avoir été sculptée par un artiste de Tanagra pour illustrer une page de l'Anthologie.

A Bruxelles, on trouve Manneken-Pis sous toutes les formes : décorant des cachets, reproduit sur des verres à liqueur, ornant des breloques et des bijoux, figurant sur du papier à lettre. Dans les magasins de la rue de l'Étuve, qui se sont fait une spécialité de ces objets, on rencontre toutes sortes

La fontaine du Manneken-Pis à Bruxelles

d'Anglaises pudibondes accompagnées de misses achetant des collections de Manneken-Pis.

Quelle est l'origine de Manneken-Pis? Il paraît, d'après une intéressante brochure sur ce sujet, qu'au Moyen Age un joli enfant s'était isolé de ses camarades pendant la procession du Saint-Sacrement et s'était arrêté un moment le long d'un mur. Un vieux Juif, qui habitait la rue appelée depuis rue du Petit-Chrétien (Christelyk-Manneken), se saisit du bambin.

Il voulait le crucifier dans son repaire. Mais le père de cet enfant se recommanda si chaudement à Notre-Dame de Bon Secours, dont l'église est tout près de là, et fit en même temps des perquisitions si actives, que le Juif s'en effraya. A la chute du jour, il reconduisit l'enfant au coin de la rue où il l'avait pris; ses parents le retrouvèrent; en reconnaissance, ils élevèrent la fontaine et firent mettre au-dessus du dôme de Notre-Dame-de-Bon-Secours l'ostensoir où l'on avait promené le Saint-Sacrement, particularité qui subsiste encore.

C'est une aventure de ce genre, mais malheureusement plus tragiquement terminée, qui était arrivée au petit Hugues de Lincoln, dont Chaucer a rappelé le touchant souvenir dans les *Contes de Canterbury*.

Ce qui est certain, c'est que Manneken-Pis fait partie, sinon de l'histoire même de Bruxelles, du moins de cette légende qui est tour à tour l'attendrissement ou la gaieté de l'histoire. Il a été volé à plusieurs reprises, et toujours il a été retrouvé par un concours de circonstances extraordinaires.

L'Empereur Maximilien avait décoré Manneken-Pis de ses ordres. Louis XV lui conféra la croix de Saint-Louis, ce qui força les troupes, non seulement à le respecter, mais encore à lui rendre le salut militaire. Après l'expulsion des Autrichiens, on lui mit, en 1789, la cocarde tricolore. « Napoléon, sollicité de lui accorder aussi une faveur, lui conféra la clef de chambellan. Des poëtes lui ont dédié leurs ouvrages; des parfumeurs ont illustré de son nom les eaux de senteur; de riches bourgeois et des princes lui ont constitué des rentes. Il y a à peine une douzaine d'années qu'une dame de Bruxelles lui laissait mille florins dans son testament. »

Il possède huit habits de grande tenue; aux jours de grandes fêtes ou de processions, on l'habille tour à tour en marquis Louis XV, en hussard et en garde civique.

L'existence de Manneken-Pis n'aurait pas été complète s'il n'avait pas comparu devant les tribunaux. Il y est venu, non point en personne, mais sous les traits du camelot George Messenger qu'on poursuivait la semaine dernière, devant la Police-court de North-London, présidée par M. Lane, pour avoir vendu dans les rues de Londres une de ces reproductions en métal qu'on offre à tout venant dans les rues de Bruxelles.

Le souvenir des scandales révélés jadis par la

Pall Mall Gazette et des abominations commises sur les petits télégraphistes semble avoir inspiré quelques scrupules à l'honorable sir Lane; aussi a-t-il insisté seulement sur l'imperfection de la reproduction.

Il serait dommage, d'ailleurs, de ne pas emprunter au *Petit Bleu*, de Bruxelles, cet interrogatoire qui nous montre un type de magistrat que nous connaissons bien en France : le juge facétieux et cruel, fariboleur et féroce pour le pauvre monde, le Grippeminaud qui s'amuse avec ceux qu'il tient dans ses pattes comme le chat avec la souris.

M. LANE (président de la Police-court, examinant un

spécimen de l'objet vendu par Georges Messenger). — A distance, on dirait une jolie petite statuette (Rires). Mais de près!... (Nouvelle hilarité.) Prévenu, depuis combien de temps vendez-vous cet article?

LE PRÉVENU. — Depuis la Noël.

M. LANE. — Elle a bien marché, la vente?

LE PRÉVENU. — Pas mal.

M. LANE. — Combien faites-vous payer la statuette?

LE PRÉVENU. — Quatre pences (huit sous) la pièce.

M. LANE. — C'est cher, mais j'en suis très

Église Notre-Dame de-Bon-Secours à Bruxelles.

heureux, parce que vos bénéfices vous permettront de payer la forte amende à laquelle je vais vous condamner. (*On rit.*)

LE PRÉVENU (*produisant un journal*). — J'ai eu le plaisir de vendre deux de mes articles à M. le maire de Deal. Il m'a dit que c'était la plus parfaite reproduction de la fontaine bruxelloise qu'il eût jamais vue.

M. LANE. — Eh bien! je ne suis pas de l'avis de M. le maire de Deal. Je l'ai vue, la fontaine de Bruxelles; elle n'est nullement conçue de façon à produire l'effet d'indécence qui se dégage de votre imitation. Celle-ci est très inconvenante. Je vous condamne à 10 shillings d'amende ou un mois de prison, au choix.

J'ai été ce matin saluer Manneken-Pis; il ne paraissait pas affecté outre mesure de cette condamnation et il continuait à rappeler à tous, avec une candeur ingénue, les exigences de l'humaine nature. Les Américaines et les Anglaises étaient plus nombreuses que jamais dans les boutiques où l'on vend l'image du petit sans-gêne, qui est sans indécence parce qu'il est innocent encore. J'ai eu toutes les peines du monde à me procurer une figurine pour l'envoyer à Bérenger...

AU CIMETIÈRE D'IXELLES

2 novembre 1891.

Chaque année, en un temps où tout passe si vite, des amis moins oublieux que les autres fêtent l'anniversaire de deux morts célèbres, disparus tous deux dans des circonstances presque identiques, par le revolver et par la femme.

Au mois de janvier, quelques-uns vont encore aux Jardies pour y revoir le buste de Gambetta. Au mois de septembre, d'autres viennent déposer des couronnes sur la tombe de Boulanger.

L'œillet rouge.

Les uns ont la reconnaissance de l'estomac ; les autres la piété du cœur.

Gambetta, en sa qualité de métis de Juif, a été le favori d'une Fortune obscène comme une divinité de la sémitique Carthage. Bouzingot criard et avocat obscur, il a goûté des satisfactions et connu des triomphes qu'il n'aurait jamais osé rêver ; il a été deux fois le maître de la France.

Plus puissant encore et moins surveillé dans la seconde opération que dans la première, chef occulte du Gouvernement, il a pu disposer du budget et accorder des places à son gré ; il a fait sortir du néant et confortablement installé dans tous les bons endroits toutes sortes de faméliques et de bohèmes qui, sans lui, auraient tiré toute leur vie le diable par la queue !

Boulanger, au contraire, a été un vaincu. Sans doute il a répandu, lui aussi, pas mal d'argent, mais ceux auxquels il avait donné sans compter n'ont pas attendu que la main qui distribuait la sportule fût glacée par la mort, ils se sont éloignés dès qu'il se sont aperçus que la main était vide...

Les fidèles qui commémorent la date de la mort de Boulanger sont ceux qui n'ont rien reçu de lui, qui l'aimaient pour lui-même ou plutôt pour l'idée imprécise et vague, mais généreuse, patriotique et grande qu'il personnifiait.

Les pèlerins des Jardies sont des Païens, moins cyniques que les autres, qui viennent couronner de fleurs la source à laquelle ils ont bu, la source de laquelle, au lieu d'eau pure, ont coulé tant de pots-de-vin. Les visiteurs d'Ixelles sont des idéalistes qui viennent saluer, dans une ombre tragique, le souvenir d'un noble rêve et la chimère d'un songe évanoui.

Pour moi, on le sait, j'ai tenu, à l'époque du Boulangisme, à ne point, comme le dit Montaigne, « hypothéquer la liberté de mon âme » et à garder intacte mon indépendance d'historien. J'ai voulu, en adhérant publiquement à la candidature du général à Paris, me différencier de la clique opportuniste qui soutenait Jacques, mais n'ai point voulu m'engager dans un parti où il y avait trop de Juifs.

Le matin du 27 janvier, j'étais un bulletin dans l'urne; le soir, devant chez Durand, j'étais un passant perdu dans la foule, espérant, comme tant d'autres qui étaient là, que le mot décisif serait dit, que l'irrésistible poussée se produirait et que nous allions tous rouler pêle-mêle dans l'Élysée...

Beaucoup avaient cette sensation et je reverrai longtemps la mine désespérée de ces gardiens de la paix, anciens soldats pour la plupart, qui, vers minuit, quand tout espoir d'un mouvement fut irrémédiablement perdu, disaient mélancoliquement aux attardés : « Circulez, messieurs, c'est fini... »

Je m'en revins par la place de la Concorde avec un économiste très savant qui, ce soir-là, était violemment excité. Une petite pluie qui commençait à tomber avait couvert le pavé d'une légère couche de verglas : « Tenez-vous bien, dis-je à mon compagnon, c'est la soirée de la dégringolade. »

J'ai retrouvé Boulanger à Ixelles... Ce jour-là, je m'en souviens, Séverine était avec quelques amis et avait apporté une nouvelle couronne.

Il y avait à quelques pas un prêtre qui était venu comme les autres voir la tombe légendaire, la tombe cachée *inter lilia et flores*. Je pris la liberté de l'aborder et je lui

Le restaurant Durand.

dis : « Vous devriez dire quelques prières, ne fût-ce qu'un *Pater* et un *Ave*, pour les deux êtres qui, après avoir été unis par des liens charnels que l'Église condamne, sont maintenant indissolublement unis dans la mort. Cela ferait du bien à ces pauvres âmes, et dans la géhenne où elles sont peut-être, leur procurerait du rafraîchissement et du réconfort. Elles ont payé leur tribut à la faiblesse qui est commune à tous les enfants d'Adam, mais le nom de Dieu est Miséricorde, et la fragilité de la créature n'a d'égale que l'infinie bonté du Créateur. »

Le vieux prêtre dit un *Requiescat in pace*. Séverine et moi nous nous mîmes à genoux et, dans la solitude de ce cimetière étranger, quelques hommes, ayant peut-être des conceptions religieuses ou philosophiques différentes, s'unirent pour demander la paix éternelle pour ce soldat de la France qui avait vécu au milieu des orages, dans les agitations et les luttes...

Devant cette Postérité, qui déjà a commencé pour lui, l'infortuné général ne fait pas, d'ailleurs, triste figure. La poésie du malheur l'a réconcilié avec le Peuple qui juge avec son cœur. L'ignominie, maintenant démontrée, des pourvoyeurs et des exécuteurs de la Haute-Cour, a fait mieux comprendre la nécessité et la grandeur de l'œuvre, que Boulanger avait rêvé d'accomplir, à l'élite qui juge avec son cerveau.

Boulanger, mort, a eu de la chance avec ses ennemis et ses amis.

Ceux qui l'avaient

Le duel de Neuilly.
(Hôtel du comte D. Los, boulevard d'Argenson).

AU CIMETIÈRE D'IXELLES

combattu sans pitié ont roulé dans la boue du Panama, et les Français n'oublient pas que le véritable réquisitoire contre un général que la Prusse redoutait a été rédigé par un Hambourgeois, neveu et gendre de l'escroc et de l'espion von Reinach. Ils n'oublient pas davantage que le magistrat, qui n'a pas demandé trois mois pour poursuivre un glorieux soldat qui avait reçu six blessures devant l'ennemi, est le Quesnay de Beaurepaire qui a refusé pendant trois ans de poursuivre les voleurs de Panama.

Du côté des amis, Boulanger n'a pas été moins favorisé. Quand le corps de Pompée eut été abandonné sur le rivage à Alexandrie, et que se furent enfuis tous les licteurs, les joueurs de flûte

Le Cimetière d'Ixelles (Bruxelles).

et les sonneurs de trompette qui accompagnaient la veille l'*imperator*, des amis de la défaite vinrent et mirent sur un bûcher de bois précieux le cadavre du vaincu.

La mémoire de Boulanger a rencontré des fidélités également touchantes et désintéressées ; elle est gardée par un poète patriote comme Déroulède ; elle a inspiré à Séverine les pages les plus éloquentes qu'elle ait écrites ; Barrès trouvait hier des accents émus pour rappeler quel ardent amour de la Patrie animait l'homme que la politique a perdu.

Sans doute, plus d'une ombre obscurcit ce tableau, et plus d'une retouche se pourrait faire à ce portrait. A quoi bon épiloguer ? C'est nous qui créons la vérité historique et, si des écrivains au cœur élevé et au verbe indépendant déclarent que Boulanger a mérité d'être absous de ses fautes et honoré publiquement, c'est qu'il en doit être ainsi.

Boulanger, d'ailleurs, a mérité ces hommages en traitant toujours la Presse avec considération et respect ; on ne pourrait relever aucun propos de lui indiquant qu'il fût ennemi de nos libertés.

C'est en ceci que se montrent imbéciles ceux qui, incapables d'écrire un livre ou même un article émouvant, traquent ignoblement la Pensée. Avant quelques mois, que restera-t-il de Casimir ? Un nom discrédité, ridicule et honni qui déjà dilate la rate de tous dès qu'on le prononce. En découvrant au carrefour de l'Histoire cette image caricaturale, modelée et façonnée avec une émulation qui les honore, par tous ceux qui savent tenir une plume, nos arrière-neveux croiront voir un de ces petits dieux comiques que les anciens plaçaient dans les champs pour épouvanter les oiseaux, faire fuir les sorcières et conjurer par le rire les mauvais esprits.

Poétisée et grandie par les privilégiés qui ont reçu du ciel le don de toucher les âmes et le secret des paroles qui persuadent, la figure du général amoureux apparaîtra, au contraire, sous la mystérieuse et indistincte lumière des Champs-Élyséens. C'est là que se promènent dans des prairies d'asphodèles, en causant avec les vieux Aèdes qui les morigènent doucement, les demi-héros qui n'ont pas rempli toute leur destinée, qui se sont reposés avant d'avoir terminé leur tâche et qui ont filé aux pieds d'Omphale avant d'avoir accompli les travaux d'Hercule et nettoyé les écuries d'Augias...

WATERLOO

15 novembre 1894.

J'ai visité hier ce champ de bataille de Waterloo, qui, même après Sedan, évoque une grande ombre tragique dans notre histoire.

L'impression qu'on éprouve sur les lieux eux-mêmes, n'est point celle qu'a exprimée Victor Hugo. On n'a pas la vision d'une sorte de cataclysme cosmique, du foudroiement d'un Titan par l'intervention subite de la Destinée.

Ce qui frappe tout d'abord, c'est l'exiguïté relative du champ de bataille et la facilité aussi avec laquelle on se rend compte des opérations. Vous avez entendu le récit de ces manœuvres compliquées que vous expliquent des gens qui, souvent, n'y comprennent rien. Ici, on est comme devant une scène de théâtre

La Pyramide du Lion.

sur laquelle on voit distinctement aller et venir tous les acteurs.

Du haut de la butte du Lion, qui a 255 marches, vous avez une vue d'ensemble absolument nette et précise.

Ce monument n'a pas été élevé en signe de défi et de triomphe par les puissances coalisées, c'est le monument d'un prince de Nassau qui, comme tant d'autres, mourut dans cette mêlée des nations, et qui fut glorifié pour tout le monde.

Vers 1825, Wellington voulut revoir ce coin de

Ferme de Belle-Alliance

terre où il avait vécu les heures les plus émouvantes de sa vie, et terrassé Napoléon par son opiniâtreté stoïque. Il aperçut le Lion, il demanda quelques éclaircissements et s'en fut comme s'il avait eu tout à coup le sentiment de l'ironie supérieure des choses humaines.

Quand je montai sur cette butte du Lion, il pleuvait comme le 18 juin 1815. J'y trouvai un Anglais, qui s'approcha pour avoir *à l'œil* les explications du guide, pendant qu'un petit Anglais satisfaisait ses besoins naturels le long de la gloire des Nassau.

Les explications du guide sont d'une admirable clarté. Derrière vous, voilà Plancenois où était la droite de Napoléon; au milieu des arbres, devant vous, vous voyez ces deux belles fermes blanches? Elles appartiennent

La Haye-Sainte.

au comte Cornet de Grey. L'une s'appelle la Belle-Alliance, l'autre la Haie-Sainte. Plus loin est le Mont-Saint-Jean où Wellington résista si longtemps aux assauts de la vieille Garde. A votre gauche est la ferme d'Hougoumont que Napoléon essaya inutilement d'enlever pour tourner les Anglais. Sur votre droite est Wavre, par où déboucha Blücher.

Vous vous absorbez quelque temps dans une méditation silencieuse et pieuse, qui vous rend insensible à toute rumeur extérieure, devant ce paysage qui a je ne sais quoi de sacré, devant ces champs qui furent témoins de l'héroïsme de nos pères. Puis vous prêtez l'oreille aux propos de votre guide qui vous fait toucher du doigt les fautes stratégiques de Napoléon.

C'est toujours curieux ces choses-là, pour ceux qui ont quelque esprit philosophique. Cet homme n'a pas été des Pyramides au Kremlin, il n'a pas gagné la bataille d'Austerlitz, il n'est pas entré en vainqueur dans toutes les capitales de l'Europe, il a vécu loin des camps en buvant du faro. En face de la Haie-Sainte et du Mont-Saint-Jean, il juge Napoléon devant Drumont, qui a été obligé de s'en aller en Belgique à la suite d'une loi votée par les élèves et les amis des Religieux qu'il avait défendus...

Des Pyramides au Kremlin.

Chose bizarre, je fus assailli devant ce grand espace silencieux par la même idée qui m'avait saisi le premier soir sur l'escalier de Sainte-Pélagie, et que vous devez connaître, vous aussi, pour peu que vous soyez méditatif. C'est une pensée qui vous prend brusquement à la tête comme un point vous prend dans le cœur : « Quelle drôle d'invention que la vie! Pourquoi sommes-nous ici? Dans quelle étrange comédie jouons-nous un rôle? A quoi sert le mouvement que les hommes se sont donné depuis le commencement du monde? »

C'est la musique seule qui pourrait traduire, dans une symphonie énorme et confuse, les souvenirs multiples, les sentiments divers, les images grandioses qui se pressent en vous en ce moment, et qui passent sur votre cerveau comme ces nuages rapides que, les jours d'été, une invisible main semble chasser devant elle sur l'horizon : l'épopée impériale, les maréchaux, le sacre à Notre-Dame, le radeau de Tilsitt, l'antichambre d'Erfurth, le parterre de rois de Dresde, trente mille hommes mourant de froid en une seule nuit en Russie, les officiers et les soldats mordant à belles dents dans des chevaux crevés, ou se couchant dans la neige, pour y mourir, sans qu'on puisse les faire lever. Fontainebleau!... Sainte-Hélène!...

Alors, au milieu de toutes ces visions exaltantes et sublimes, vous vient cette idée basse, inférieure, une de ces idées réflexes dont on n'est pas responsable : « Comment peut-on arriver à faire une aussi mauvaise omelette que celle que nous avons mangée à l'hôtel qui a pour enseigne: *Au Quartier-Général de Wellington?* »

Dans ce qu'il dit, ce guide a raison : il n'a pas vu la bataille de Waterloo, mais son père l'a vue, et il a la tradition. Il a raison comme Charras, qui n'a jamais gagné de batailles, et comme Thiers, qui discuta toute sa vie les questions militaires, et le jour où il commanda d'aller reprendre les canons de Montmartre, oublia d'envoyer des attelages pour les emporter.

A Ligny, Napoléon avait battu les Prussiens et leur avait tué neuf mille hommes. Dix ans auparayant, il les aurait vigoureusement poursuivis et rejetés violemment de son champ d'action. Mais le demi-dieu était rentré dans l'humanité, il avait quarante-six ans, il avait dépensé une force nerveuse extraordinaire. Il ne put résister au désir de faire un petit somme.

N'avez-vous jamais éprouvé, vous qui n'avez pas conquis le monde, ce désir irrésistible du bienfaisant sommeil qui vous prend tout à coup dans la réalité et vous dépose doucement, sans que vous vous aperceviez même de la transition, dans le *nirwana*, dans le non-être ?

Il n'avait que quarante-six ans et il était Napoléon. Que pouvez-vous espérer de ces généraux de soixante ans, si dignes de respect pour leurs services d'autrefois, mais que vous regardez passer, courbés déjà et usés par la vie, sur des chevaux dont le trot semble les fatiguer ?

Vous me citerez l'exemple de de Moltke. Si un vrai général, un général de trente ans, avait commandé une armée comme celle de Metz, le pauvre vieux de Moltke aurait eu tous ses plans cassés et toutes ses stratégies culbutées, et il en aurait vu trente-six chandelles...

Ce qui est certain, c'est que l'arrivée de Blücher n'eut pas le caractère de ces coups de la Fatalité qui

Hyde-Park, « Achilles »
Wellington.

dérangent toutes les combinaisons. Napoléon devait le sentir sur son dos et il n'avait qu'une chance de succès, c'était d'abattre Wellington avant que les Prussiens n'eussent le temps d'intervenir. Il l'aurait fait s'il n'avait pas plu à verse le matin de Water-loo, ce qui rendait le terrain difficile pour l'artillerie. Il l'aurait probablement fait, malgré la pluie, s'il avait été plus jeune, s'il avait eu les intuitions de ses radieuses années.

Quoi qu'il en soit, il ne donna l'ordre de commencer l'attaque qu'à midi moins dix, et, du haut de votre butte, vous reconstituez toutes les péripéties de la bataille : l'attaque sur la ferme d'Hougoumont échouant par la faute du prince Jérôme, qui prend les murs de briques rouges pour des uniformes anglais, et qui fait tirer dessus inutilement pendant des heures, la ferme de la Haie-Sainte prise et Wellington se cramponnant désespérément à Mont-Saint-Jean contre les assauts de la Garde.

L'entrée en ligne de la Garde impériale est l'événement pathétique de la journée. C'est tout à fait

La Colonne.

une page d'épopée et, cette fois, l'impression que traduit si magnifiquement Victor Hugo, est la même que donnent les auteurs anglais et même les plus prosaïques narrateurs de la bataille.

Un sergent-major du 7e hussards anglais, du nom d'Édouard Cotton, a écrit un volume très intéressant sur la journée du 18 juin : *Une voix de Waterloo*. Il s'était voué à cette bataille, qui fut évidemment ce qu'il y eut de plus sensationnel dans sa vie, et il avait fini par s'installer à Mont-Saint-Jean, où il est mort le 24 juin 1849.

En Anglais pratique, Cotton avait songé à tirer parti des exploits auxquels il avait pris part, il s'était établi *Guide et descripteur de la bataille*. La *Voix de Waterloo* est précédée de quelques lignes où la race mercantile se raconte elle-même.

HOTEL DU MUSÉE

Cet hôtel, tenu par une nièce de feu le sergent-major Cotton, est situé exactement au centre du champ de bataille de Waterloo, et est fortement recommandé aux visiteurs à cause de sa proximité des scènes pleines d'intérêt se rattachant à la grande bataille, et aussi pour les commodités et les grandes aises qu'il offre à des prix modérés. — Voyez le *Guide sur le Continent*, de Bradshaw.

VINS ET LIQUEURS DE PREMIÈRE QUALITÉ
PALE ALE DE BASS
PORTER DE LONDRES, ETC.

Tout en faisant la part large aux siens, Cotton n'en a pas moins tracé un tableau saisissant de cette phase suprême de la bataille où l'on combattait, selon son expression, « museau contre museau ».

Le drame sanglant, de même que le jour long et émouvant, touchait alors presque à sa fin. Les Gardes de l'Empereur, l'orgueil de leur pays, eux qui n'avaient jamais tourné le dos à l'ennemi, ni déserté un champ

de bataille, étaient pour la première fois sur le point
d'attaquer des hommes qui, comme eux, ne connaissaient pas de vainqueurs, pendant que le monde entier
attendait, plein d'anxiété, le résultat de cette mémorable journée. La Garde impériale, conduite par l'intrépide Ney, le *brave des braves*, s'avançait vers un
point occupé par la 1re brigade des gardes à pied
anglais et par la 5e brigade anglaise d'Halkett.

Si les vers de Victor Hugo sont immortels, c'est
qu'il n'a ajouté aucune hyperbole littéraire à ce qui
fut vrai, il a simplement donné un rythme pour la
récitation, pour la chanson du geste, et, avec la
clairvoyance du génie, il a distingué le signe dominant de cette scène : La sérénité dans l'héroïsme.
On n'a pas besoin d'avoir les *Châtiments* sous les yeux,
pour transcrire ces vers qui sont dans toutes les
mémoires :

> Tous, ceux de Friedland et ceux de Rivoli
> Portant le noir colback ou le casque poli,
> Comprenant qu'ils allaient mourir dans cette fête,
> Saluèrent leur dieu, debout dans la tempête.
> Leur bouche, d'un seul cri, dit : « Vive l'Empereur! »
> Puis, à pas lents, musique en tête, sans fureur,
> Tranquille, souriant à la mitraille anglaise,
> La Garde impériale entra dans la fournaise.

La Garde! Ce mot avait un sens prestigieux, et ces
hommes qui avaient vaincu l'Europe apparaissaient
comme des êtres surhumains. A Dresde, nous a raconté Marbot, Gouvion-Saint-Cyr avait fait entrer,

sans qu'on s'en doutât, quelques bataillons de la vieille Garde. Quand la porte s'ouvrit et qu'on aperçut les bonnets à poil, l'ennemi fut pris d'une ter- reur panique.

Malgré son flegme superbe de patricien anglais, Wellington sentit à ce moment passer sur lui comme ce souffle précurseur d'orage qui agite les grands chênes eux-mêmes; il comprit que c'était l'heure du Destin.

Ce fut vraiment un moment très beau, et qui donne bien la sensation d'un choc corps à corps, dans l'espace étroit d'un champ de bataille de l'an-

WATERLOO 301

cien temps. Comme dans les combats homériques, les chefs haranguaient leurs soldats. Napoléon formait lui-même les premières colonnes et les confiait à Ney. A mesure que les régiments passaient devant lui, il leur adressait quelques mots, et, comme sa voix était couverte par le bruit, il leur montrait de la main les positions ennemies. La Bédoyère galopait le long des lignes annonçant que Grouchy venait d'arriver.

Il en est de Waterloo comme de ces drames qu'on a revus dix fois, et dont le dénouement vous remue toujours; il semble toujours que cela va finir autrement.

Wellington dut éprouver tout de même une certaine fraîcheur aux tempes, lorsqu'il aperçut l'avant-garde de Blücher. L'Iron duke était à bout de forces, déraciné par cette poussée irrésistible, et ses soldats se défilaient peu à peu dans la forêt de Soignes. C'était en mordant ses lèvres pâles, que l'Impassible murmurait : « Ou Blücher, ou la nuit... »

L'arrivée de Blücher changea tout, et, en fait, le drame était terminé. La toile tombait avec le jour.

Du haut de la butte du Lion, vous voyez comme si vous aviez été là le 18 juin 1815, à huit heures du soir, le choc en retour se produire, les régiments, les escadrons, les caissons roulant pêle-mêle les uns sur les autres.

Vous apercevez là-bas Plancenois. C'est là que, pour la dernière fois, le monde contempla César à la tête de ses légions. La fin de la journée, pluvieuse au début, avait été magnifique; le soleil s'était couché dans sa gloire, et un dernier lambeau de pourpre flottait encore à l'horizon. Une suprême acclamation salua l'*Imperator* et ce fut fini de l'épopée de cet homme prodigieux. La terre ne l'aperçut plus que de très loin, à travers des océans, dans une île volcanique, en tête-à-tête avec Hudson Lowe.

L'Anglais, toujours malappris et salaud, a trouvé moyen de déshonorer ce dernier carré de la Garde, et il raconte que Cambronne avait fait semblant de se rendre et qu'il avait manqué à sa parole.

C'est Halkett lui-même, écrit Cotton, qui avait remarqué Cambronne, et s'étant porté en avant au grand galop, il était sur le point d'abattre le général français, lorsque ce dernier demanda quartier et l'obtint. Ce fait ne s'accorde pas bien avec les mots que l'on attribue populairement à Cambronne : « *La Garde meurt et ne se rend pas!* » Après s'être rendu, Cambronne essaya d'échapper à Halkett dont le cheval tomba blessé sur le terrain. Mais, en quelques secondes, Halkett atteignit son prisonnier et, le saisissant par l'aiguillette, le traîna aux Osnabruckois, et l'envoya au duc de Wellington, sous la garde d'un sergent.

Voyez-vous Cambronne se laissant saisir, par l'aiguillette, par un Anglais! Quelle différence entre la façon dont ce peuple de caïmans parle des vaincus et la façon courtoise et chevaleresque dont nous avons traité les officiers russes après Sébastopol!

Avant de quitter la butte, vous regardez une dernière fois ce champ de bataille; vous cherchez à en emporter une vision complète dans vos yeux; vous vous le figurez tel qu'il fut aux dernières heures du crépuscule, alors que des débris de l'armée se raidissaient et luttaient encore çà et là.

Ce fut le 2ᵉ chasseurs qui semble avoir fait le dernier effort, à neuf heures du soir. Les Prussiens se ruaient sur l'aigle de la Garde impériale. Le général Pelet, fou de douleur et de colère, cria d'une voix formidable : « A moi, chasseurs ! Sauvons l'aigle ou mourons près d'elle ! » Là-dessus, dit Cotton, ils se formèrent en carré et sauvèrent l'aigle et l'honneur du régiment.

En redescendant à l'auberge, vous trouvez un numéro du journal anglais qui annonça le premier la victoire de Wellington : *London gazette extraordinary thurday june 22 1815*, puis, un peu partout, sous des vitrines : des étriers, des éperons, des baïonnettes, des haches de sapeurs et des mâchoires aux dents blanches, de solides

La ferme d'Hougoumont.

mâchoires d'hommes faits pour vivre cent ans, et qui sont morts dans cet endroit-là.

A la ferme d'Hougoumont,

qui fut le théâtre d'une lutte furieuse, on voit encore le Christ aux pieds duquel s'arrêta tout à coup l'incendie ; on vous montre aussi le puits dans lequel on jeta pêle-mêle les blessés anglais et français, qui hurlèrent jusqu'au matin avant de mourir tout à fait.

Une prairie verte s'étend à la place où était autrefois le jardin. De belles vaches noires et blanches reviennent vers l'étable, un paysan ramène sa charrue, et, par une éclaircie de soleil, ce paysage automnal délavé et rafraîchi, apparaît sinon très gai, du moins très apaisé et très frais.

Au fond, l'impression qu'on emporte de cette visite à Waterloo est plutôt attristante, débilitante et démoralisante. On est poursuivi par l'éternel : A quoi bon ? *Quid prodest?* On se dit : « Comme c'est court, malgré tout, une existence humaine, alors même que cette existence a été éblouissante, fabuleuse, presque surnaturelle ! 1804 le couronnement — 1815 l'écroulement — 1821 la mort ».

Qui donc songe aujourd'hui à tout ce qu'ont fait d'héroïque les hommes qui tombèrent dans ce coin de terre ? Que reste-t-il des idées pour lesquelles ils sont morts ? Rothschild, dont le grand-père entra à Paris derrière la queue du cheval de Blücher, est notre maître et notre roi. Nous avons eu pour ministre des Affaires étrangères un fils de Badois comme Spuller, un fils d'Anglais, un ancien élève de Cambridge comme Waddington, qui, en toute occasion, mettait la France aux pieds de l'Angleterre. Qui a protesté?

Celui qui devait être Napoléon IV est mort au Cap sous un uniforme anglais, et son cercueil a passé devant Sainte-Hélène.

Son cousin vit à Bruxelles et, parfois, vient passer de longues heures à la butte du Lion. « Il me donne toujours vingt francs », dit le guide, qui envisage l'histoire au point de vue pratique.

Humus, fumus, sumus, lit-on sur une pierre tombale d'un cimetière d'Allemagne, dans lequel je me souviens de m'être promené, par un jour d'automne grisâtre et mouillé, comme le temps qu'il faisait le jour où j'ai visité Waterloo.

STATUES DE NEIGE

12 janvier 1895.

La grande distraction à Bruxelles, en ce moment, est la visite aux « Statues de neige ». Dans le parc, couvert d'un tapis d'ouate, se dressent ces œuvres éphémères exécutées par de véritables artistes.

Voici le *Premier deuil* de M. Marin, un Pierrot portant son cercueil d'un aspect tout à fait fantastique de M. Dordenne, un Napoléon saisissant de M. Lagaë qui semble comme une évocation de la campagne de Russie, des Bacchus, des Janus et des Gambrinus; et, dans la note la plus moderne, un sergent de ville repêchant un pochard endormi sur un banc..... On boit beaucoup à Bruxelles..... La *Loi Vett* est là suspendue comme l'épée de Damoclès sur la tête du poivrot : ce qui intéresse beaucoup la foule.

Sous les ombres noires des grands arbres dépouillés, ces blanches apparitions se détachent avec des apparences spectrales et donnent vraiment l'illusion du marbre.

Devant vous une table est dressée, œuvre de Vedy et Hardouin, vous offrant la bouteille et le jambon succulent. Vous n'avez qu'à avancer la main pour vous servir et vous sentirez tout à coup votre main glacée, comme celle du malheureux qui se tend vers cette goule bureaucratique, vers cette Charité qui n'a point en elle le foyer de l'Amour, et qu'on appelle l'Assistance publique.

Que restera-t-il de tout cela demain? Un peu de boue délayée. La vision que les yeux admirent aura été remplacée par une flaque que les pieds évitent.

N'est-ce point l'histoire de ce qui se passe devant nous. Ce monde judéo-opportuniste, qui a eu un moment l'air d'exister, dégèle sous nos yeux; il fond en boue.

La hache n'a point fait tomber ces têtes comme en 93. La cognée du bûcheron populaire n'a pas été nécessaire pour abattre ces irréalités. La température a changé, et ces statues de neige se sont évanouies. Il reste de ce passé la sensation d'un paysage sinistre et lunaire à la fois, d'une sorte de forêt de Bondy éclairée à la lumière électrique et dans laquelle on croit avoir aperçu, sans en être bien sûr encore, des êtres fantasmatiques et sans substance qui faisaient semblant d'exister et qui étaient tous décorés de la Légion d'honneur.

Toutes les impostures de ces coquins s'en vont ensemble. Crispi, dont on vient de révéler les prévarications et

Le Parc, à Bruxelles.

les vols, paraît le plus déshonoré de tous; mais c'est uniquement parce qu'il ment depuis plus longtemps et parce que, tombant d'un peu plus haut, il fait plus d'éclaboussures en s'écroulant et s'étale dans une flaque un peu plus large.

Il y a des gens amusants là-dedans comme il y a des caricatures parmi les statues de neige du Parc. Les Leroy-Beaulieu, les Picot, les Desjardins viennent chercher des piédestaux au moment où il n'y en a plus pour eux. Ils ont un mauvais calendrier et ils confondent le Mardi gras avec le Mercredi des cendres. Ils arrivent pour débiter leurs fariboles économiques et sociales à l'instant où le Carnaval finit. Ils sont hués par la jeunesse et ils ne comprennent pas très bien pourquoi.

Vogüé manquait à cette réunion de la rue Serpente, mais cet idéaliste, qui s'est proposé, comme il dit, de refaire une âme à la France, était probablement en train de causer des chemins de fer du Sud avec l'ami Jules Roche, dont ce catholique et ce gentilhomme s'est constitué le caudataire et le valet.

Sans être aussi immaculée que la neige, la statue de Casimir-Perier a souffert, elle aussi, du changement de saison.

On ne peut dire que les débats sur l'élection

Gérault-Richard aient ajouté beaucoup à l'antipathie qu'inspire le Président actuel de la République, car on ne voit guère qu'il soit possible d'aller plus loin sous ce rapport. Ils ont, en tout cas, mis en relief une fois de plus l'hypocrisie de tous les Républicains bourgeois qui se réclament sans cesse du suffrage universel.

« C'est le fondement de nos institutions », disent-ils. C'est pour cela, sans doute, qu'ils s'asseyent dessus, dès qu'il se montre éclairé et indépendant.

Il faut lire tout ce qu'a dit le grand-père Casimir à propos de l'expulsion de Manuel, pour défendre le droit sacré des électeurs d'être représentés à la Chambre par l'élu de leur choix. Quand Manuel fut empoigné par le vicomte de Foucault, Casimir, le grand-père, était à ses côtés.

Le lendemain il signait, avec ses collègues, une protestation contre l'attentat qui venait d'être commis contre un Représentant du Peuple.

« *Considérant la résolution prise hier, 3 mars 1823 contre notre collègue, comme le premier pas d'une faction pour se mettre violemment au-dessus de toutes les formes ou pour briser tous les freins que notre pacte fondamental lui avait imposés;*

« *Convaincus que ce premier pas n'est que le prélude du système qui conduit la France à entreprendre*

Gambrinus.

une guerre injuste au dehors, pour consommer au dedans la contre-révolution et pour ouvrir notre territoire à l'invasion étrangère;

« Ne voulant pas nous rendre complices des malheurs que cette faction peut attirer sur notre Patrie,

« Nous protestons contre les mesures illégales et anticonstitutionnelles qui ont été prises. »

Vous voyez que dans ce temps-là Casimir-Perier et ses amis ne se mouchaient pas du pied. Entendez-vous d'ici la musique si, dans une protestation collective, à la suite du refus de laisser siéger Gérault-Richard, quoique régulièrement élu, les députés socialistes traitaient la majorité de la Chambre de « faction » et « l'accusaient de vouloir ouvrir notre territoire à l'étranger? »

Entendez-vous le gros Dupuy :

« Ce que je dis, messieurs, ce qui sera compris par le pays tout entier, c'est qu'on n'a pas le droit de mêler l'étranger aux affaires intérieures de la France. »

Joseph Reinach (*très ému*). — Bravo! Merci au nom de mon oncle et beau-père! Merci au nom de von Reinach!

Dupuy, *continuant et se préparant à donner l'ut dièze :*

« Vous avez commis une mauvaise action, une action abominable en nous reprochant de préparer l'invasion du territoire! »

Joseph Reinach (*de plus

La loi Wett.

en *plus ému et ayant peine à retenir ses larmes)* :
« Merci ! merci ! au nom d'Alfred Dreyfus ! »
Statues de neige qui demain seront fondues.....

REVENONS...

---

4 février 1895.

Cela vous fait plaisir, mes chers amis, que je rentre en France? je rentre.....

A quoi servirait-il d'avoir des amis, si ce n'était pour faire toujours le contraire de ce qui vous semble raisonnable?

Vous me permettrez bien, cependant, d'avoir une opinion, et cette opinion est celle-ci : « Grâce à l'abominable loi votée par les Ralliés de complicité avec tous les Chéquards de la Chambre, le Gouvernement peut faire arrêter préventivement tous les écrivains qui le gênent. Les Juifs me détestent trop, ils se rendent trop bien compte des services que notre campagne a rendus à la Patrie pour ne pas essayer de quelque nouvelle manœuvre contre nous. Un écrivain qui peut parler librement, dont la seule raison d'être est de parler librement, commet toujours une faute énorme lorsqu'il se met entre les mains de ses ennemis. »

Ceci dit, je vous accorde que la force des choses est telle qu'il est à peu près certain que la nouvelle machination des Juifs contre nous échouera comme tout ce qu'ils ont tenté jusqu'ici, et qu'elle ne leur rapportera que de l'ignominie et des risées.

Il est possible même que les Ribot et les Trarieux, qui ont conçu l'amnistie comme un piège, en éprouvent eux-mêmes la bienfaisante influence. La joyeuse et féconde liberté à l'action, en quelque sorte physiologique, des effluves du printemps. Dans la boue aigre de l'hiver tout est raide, contracté et violent; sous le tiède zéphir du renouveau tout se détend et sourit.

« Écrivez, écrivez, Drumont! » me dit Fournière dans *la Petite République*, « nous sommes assez grands garçons pour faire nous-mêmes le triage de vos idées. »

Écrivez, écrivez, Fournière! Moi aussi, je suis grand garçon. Je lis vos articles qui sont souvent fort intéressants, mais je fais comme vous le faites pour mon œuvre : j'en prends et j'en laisse......

Que Fournière écrive! Que Séverine écrive! Que

Rochefort écrive! Que Barrès écrive! que Millevoye écrive! Que Cornély écrive! Que Jules Guesde écrive! Que Saint-Genest écrive! Que Rouanet écrive! que Jean Grave écrive! que Thiébaud écrive! Que Millerand écrive! Que Roussel écrive! Que tout le monde écrive!!

Voilà l'entreprise la plus urgente et la plus indispensable, la plus adéquate, dirais-je volontiers, aux circonstances. Puisque vous avez donné le pouvoir à la Démocratie par le suffrage universel, il est nécessaire et logique qu'on instruise les Citoyens de tout ce qui les intéresse et qu'on les mette ainsi en état d'exercer le mandat dont ils sont investis. Dès que l'on touche à la liberté de la Presse, le système actuel n'est plus que comédie honteuse, traquenard et grossière imposture.

Aimez la Liberté! C'est la parole que je voudrais laisser, comme un remerciement et comme un adieu, à ce peuple belge chez lequel j'ai trouvé une si accueillante et si cordiale hospitalité.

Bruxelles :
Hôtel Mengelle.

Je sais qu'une telle recommandation peut paraître superflue sur cette terre où l'on a, non seulement l'amour, mais les habitudes et les mœurs de la Liberté, à ce pays qui a dû à la Liberté seule d'échapper à tous les orages.

Si les Catholiques belges ont reconquis leurs droits, c'est à la Liberté qu'ils le doivent, et c'est la Liberté seule qui leur permettra de lutter contre de nouveaux adversaires. N'est-ce point au nom de la Liberté de la Presse que fut commencée la Révolution de 1830 à Bruxelles comme à Paris?

Un écrivain courageux, Potter, avait été arrêté préventivement par le ministre de l'Intérieur hollandais et enfermé aux Petits-Carmes; les Bruxellois le délivrèrent en même temps que quelques détenus politiques et l'on fit frapper une médaille dont on rencontre encore quelques exemplaires. Elle portait cette inscription qui serait d'actualité aujourd'hui chez nous :

> Le pouvoir les proscrit,
> Le peuple les acclame.

Si les Catholiques belges avaient besoin d'un exemple pour être réconfortés et confirmés dans leur inébranlable confiance dans la Liberté, ils le trouveraient dans le lamentable spectacle de ces Catholiques français qui sont impuissants, hors d'état d'arriver à rien, traités comme des parias dans leur pays, uniquement parce qu'ils sont rongés par un vieux virus réactionnaire qui est chez eux à l'état de syphilis constitutionnelle.

Ils ont eu tout : l'influence terrienne, le prestige mondain, l'argent, l'incommensurable puissance de ces traditions qui sont imprimées dans les âmes françaises depuis des siècles ; ils ont les moyens de défendre dans l'actualité du Temps, par le livre, par le journal, par l'affiche, par la réunion publique, cette Église qui a les paroles de la Vie éternelle.

Toutes ces représentations de pouvoirs intellectuels et moraux pâlissent, pour les Catholiques, devant le Gendarme. Dès qu'ils voient poindre le Gendarme, ils sont comme fous d'enthousiasme ; ils s'accrochent à ses buffleteries, ils se prosternent avec toutes sortes de génuflexions viles devant ce Saint sacrement d'un nouveau genre.

Par malheur, ce Gendarme appartient au répertoire fantaisiste d'Hervé : il est fluent et dérisoire comme Géromé..... Il disparait à l'horizon comme ce vaisseau-fantôme après lequel suppliaient les naufragés de l'*Elbe*.

Gendarme ! Gendarme ! crient les de Mun, les Reille, les Vogüé, les Plichon, les d'Elva. Le Gendarme est déjà loin et c'est à peine s'il a laissé sur son passage une brise sortie de ses bottes odoriférantes. C'est un Gendarme intermittent et bizarre qui, sous prétexte d'apporter l'ordre, ne fait généralement qu'ajouter au désordre; il vient à des intervalles très espacés et il s'évanouit plus vite qu'il n'est venu. Vers 1877, il s'appelait Mac-Mahon et il avait juré aux hommes du Seize-Mai « qu'il irait jusqu'au bout ». Il a réapparu en civil sous le nom de Casimir-Perier vers le mois de juin 1894 et, tout en roulant des yeux de croquemitaine, il n'a rien promis du tout et il s'est tiré les pattes encore plus vite que le premier.

Pendant qu'on rit de ces intermèdes funambulesques, la foule acclame les écrivains qui n'ont pas conspiré avec les duchesses comme de Mun, qui ne veulent pas envoyer au Gabon les gens qui ne pensent pas comme eux et qui se contentent d'user largement, pour le triomphe de leurs idées, des Libertés qui font partie intégrale du régime parlementaire.

. . . .

J'avoue que ce n'est pas sans regret que je quitte cette petite maison de la rue de Spa qui, malgré son mobilier hétéroclite, avait bien son charme.

Elle sera une étape dans ma vie et je reverrai souvent ce jardin minuscule où les moineaux du voisinage trouvaient chaque jour à midi leur déjeuner de miettes de pain.

C'était une rue de notre ancien faubourg Saint-Germain, mais d'un faubourg Saint-Germain de Bruxelles, c'est-à-dire un raffinement dans la solitude et le silence.

Je me rappelle encore le premier jour de mon installation; les malles pleines de livres..... et le désordre.....

On sonne. La bonne du pays me dit : « C'est un monsieur qui veut à tout prix entrer. » Je réponds : « Je sais ce que c'est. On a déjà retrouvé ma trace. C'est le premier des *raseurs* qui vient pour étrenner l'immeuble. »

Soudain, une voix sonore et joyeuse crie : « C'est moi, Douville! » Et le bon et brave Douville me saute au cou.

— Je vais à Anvers..... J'ai voulu vous serrer la main en passant.

— J'emménage aujourd'hui. La marmite n'est pas installée..... Voulez-vous malgré tout essayer de déjeuner?

— Ma foi, tout de même.....

Au moment où nous nous mettions à table, je vis arriver une douzaine de bouteilles de bon vin, du vin vieilli dans les caves. C'était Mengelle, le propriétaire de l'hôtel, qui se manifestait. Avec tous les allants et venants j'avais eu une note sérieuse

Bratelier, rue de Spa, n° 15.

chez lui, et il éprouvait le besoin de m'envoyer un souvenir.

— Avouez que vous avez de la chance, dis-je à Douville-Maillefeu. Vous tombez dans une maison où il n'y a rien, et, immédiatement vous savourez du Volnay qui n'est vraiment pas mauvais.

— Mon cher, fit-il avec son rire de Gaulois heureux de vivre, ces choses-là m'arrivent toujours.

Il leva son verre, il regarda le vin de France qui, dépouillé par le temps, scintillait doucement avec une belle couleur claire.

« A l'amnistie! dit-il. A l'abolition de la loi scélérate et à votre retour en France! »

Nous bûmes à la santé de la Patrie, tandis que cet excellent Douville se livrait à ces improvisations extraordinaires et charmantes, à ces saillies pleines de verve au milieu desquelles apparaissait un si lumineux et si ferme bon sens.

Je ne reverrai plus ce robuste gaillard débordant de vitalité et qui semblait bâti à chaux et à sable. J'apprends précisément la mort de Douville au moment où je rentre en France, et j'ai pensé à lui en

m'asseyant une dernière fois à cette table à laquelle il s'était assis le premier. Encore un homme, digne de ce nom, disparu, encore un noble cœur, un cœur que révoltait l'injustice, qui a pour toujours cessé de battre.

Vous comprenez, n'est-ce pas, cette impression et comment, par l'association des idées, on repasse par tous les chemins qu'on a traversés, on évoque les lieux différents et les paysages changeants au milieu desquels on a tour à tour installé sa vie?

Il y a trois ans, j'habitais ma petite maison de Soisy, en hiver, avec la Seine à l'horizon, qui charriait de lourds glaçons le long de ces rives si gaies l'été.

Il y a deux ans, à cette même date à peu près, le 3 février, je sortais de Sainte-Pélagie, j'ai encore, par une matinée humide et glaciale, la sensation de la rue tout à coup ouverte devant moi. Aujourd'hui,

Soisy-sous-Étoiles.

me voilà en route pour Paris, après avoir logé dans une maison meublée à la mode de 1830, et dans laquelle il y avait, sur toutes les consoles, des oiseaux empaillés.

Où serai-je l'année prochaine, à pareille époque?

Peut-être serai-je dans un *in pace*, sans air et sans communication avec les vivants, où les Juifs m'auront fait jeter par quelque magistrat à la Toutée, sous prétexte que j'aurai indirectement provoqué au pillage en disant que les Juifs qui ont tout pillé feraient peut-être bien de restituer un peu.

Peut-être, au contraire, serai-je au pouvoir avec tous nos amis, occupés à restaurer le règne des lois en signant des ordres pour faire arrêter les flibustiers de la Haute Banque qui se sont emparés du bien du prochain?

C'est la vie, et elle intéresse toujours. « Tout homme, dit Montaigne, porte en lui la forme entière de l'humaine condition ». Tout écrivain qui raconte sincèrement ce qu'il a éprouvé trouve un écho dans l'âme des autres.

Quelle page curieuse on pourrait écrire sur cette originale personnalité de Douville-Maillefeu, sur ce féodal, comme il s'appelait lui-même, qui aimait si passionnément la liberté et qu'on trouvait toujours le premier lorsqu'il s'agissait de revendiquer un droit et de combattre un abus!

Il faudrait avoir le temps pour cela, et je ne vous cache pas que je suis un peu bousculé en ce moment avec tous ces livres qu'il faudrait ranger un peu avant de les expédier. Je ne suis pas organisé pour écrire au milieu des bagages et je ne sais que répondre quand on me consulte. Si, entre deux maux, affirme le proverbe, il faut choisir le moindre; il est clair qu'entre deux malles, au contraire, il faut choisir la plus grande, surtout lorsqu'on a beaucoup de choses à y mettre.

« A votre souvenir! mon cher Douville, puisqu'on ne peut plus boire à votre santé, et Vive la France! »

MERCI !

Boulevard Montmartre, 5 février 1895, minuit.

Il est difficile d'exprimer tout ce qu'on ressent sous l'impression que laisse cette fête inoubliable du retour, ces poignées de main cordiales, ces étreintes, ces enthousiastes manifestations de milliers de Français qui vous aiment, non pour ce que vous avez fait, mais pour ce que vous avez essayé de faire.

La belle journée que cette journée où j'ai trouvé, pour m'accueillir, en revenant de l'étranger, Paris représenté par le sourire et la beauté de Séverine, personnifié par celle qui a si éloquemment parlé de tout ce qui nous est cher : le Peuple, les Opprimés, les Exploités, les Déshérités et aussi de l'Espérance, de l'Idéal, de la Patrie !

La belle journée que celle où j'ai remonté notre

escalier du boulevard Montmartre pour rentrer dans cette maison de *la Libre Parole*, cette maison vouée en naissant aux orages et où nous avons tant

La gare du Nord.

lutté, tant remué de questions, tant dénoncé de scandales. Quelles tempêtes nous ont assaillis! N'est-ce point là la destinée des phares? Ils ont des vagues grondantes à leurs pieds et ils portent une éclatante lumière à leur sommet!

Elle aura sa place, quoi qu'on en dise, dans le mouvement intellectuel et social de ce temps, cette chère et vaillante *Libre Parole*, et beaucoup d'idées sont parties de là pour aller réveiller les hommes endormis dans une ignominieuse résignation. Elles courent par les villes et les hameaux, comme autant de messagères ailées criant aux Français : « Debout ! L'heure est proche ! » Elles ont un accent à elles dans ce bruit formidable et mystérieux qui an-

Le passage Landrieu.

nonce qu'un monde finit et qu'un nouveau monde va naître...

A ne considérer que ma faiblesse, j'éprouve quelque embarras devant ces témoignages d'affection, qui me récompensent au centuple des persécutions, des calomnies et des attaques viles dont j'ai été abreuvé.

Si j'ai mérité un peu de cette sympathie qui m'est prodiguée par des hommes qui, souvent, ne partagent pas toutes mes opinions, c'est par ma bonne volonté, par une bonne volonté que tous les êtres droits savent réelle.

En combattant la néfaste influence des Juifs, en signalant leurs méfaits, leurs exactions et leurs rapines, j'ai conscience de n'avoir jamais obéi à aucune haine particulière. J'ai combattu uniquement pour la Patrie, pour la Justice et pour la Vérité. Je n'ai jamais été l'homme d'aucun parti politique, et ceux qui me connaissent savent que je n'ai absolument aucune ambition personnelle.

Merci! est la seule parole qui puisse résumer tout ce que j'ai éprouvé aujourd'hui.

Merci à cette généreuse population de Paris, qui me sait gré de lui avoir révélé l'œuvre maudite accomplie par les Juifs chez nous!

Merci à nos anciens et nouveaux amis!

Merci à mes bien-aimés collaborateurs dont le

dévouement ne s'est jamais démenti un instant au milieu de toutes nos traverses et qui, indissolublement unis autour de moi, auront la joie, dans un temps qui n'est pas éloigné, de voir triompher notre programme :

LA FRANCE AUX FRANÇAIS!

TABLE DES MATIÈRES

	Pages.
Lettre-Préface...	1

LE PANAMA VU DE SAINTE-PÉLAGIE

Le Paris tranquille.......................................	3
Sur un escalier...	31
Maison d'écrivains.......................................	45
Une conversation d'après-midi........................	55
Un dimanche à Sainte-Pélagie........................	61
La suprême entrevue...................................	67
Le Drame juif...	77
1893..	85
Le Monde des coquins..................................	93

L'ANARCHIE

La bombe du Palais-Bourbon........................	101
Un Anarchiste d'autrefois.............................	107
Vaillant devant le Jury.................................	117
Son Excellence le duc de Ravachol, grand-croix de la Légion d'honneur.............................	125
La petite Sidonie..	137
L'Amour libre...	145
Barbès et Vaillant.......................................	155
Les Humains..	165
Les Journaux sans idées...............................	175

Le mort de la Madeleine................. 185
Les Chouans................. 193
Les Compagnonnes d'autrefois................. 201
A vingt ans................. 213
Cent ans après................. 221
Au Congrès................. 229
La Voix de Paris................. 237

A BRUXELLES

Devant Sainte-Gudule................. 247
Bonjour, Paris!................. 257
De Reinach à Vaillant................. 265
Manneken-Pis................. 271
Au cimetière d'Ixelles................. 279
Waterloo................. 299
Statues de neige................. 307
Revenons................. 315
Merci!................. 327

TABLE DES ILLUSTRATIONS

	Pages.
Madame Séverine, portrait	1
Le Trocadéro	3
Le passage des Postes	5
Rue Neuve-Saint-Médard	9
Le presbytère de Saint-Médard	10
Rue Daubenton (ancienne rue d'Orléans-Saint-Marcel)	11
Rue Lacépède (Copeau)	12
Rue Lacépède (Copeau), deuxième vue)	13
La tour d'Alexandre	14
Fontaine de Clamart (carrefour Poliveau)	15
Rue des Francs-Bourgeois-Saint-Marcel (démolie)	16
Rue de la Reine-Blanche (démolie)	17
L'Institution Savouré	21
Rue de la Clef	25
Couloir à Sainte-Pélagie	32
Le Grand Tombeau (Sainte-Pélagie, cellule de Drumont)	35
Façade de Sainte-Pélagie	36
Le Cabaret du père Goujon (rue du Puits-de-l'Ermite)	37
Cour des Politiques, Sainte-Pélagie	47
Cour de la Dette, Sainte-Pélagie	51
Le Jardin des Plantes (de Sainte-Pélagie)	57
Chapelle de Sainte-Pélagie (intérieur)	63
Id. (extérieur)	66
Hôtel Reinach, rue Murillo	69
Hôtel de Cornélius Herz, boulevard Henri-Martin (démoli)	70
Le Comptoir d'escompte, rue de Rougemont	73
La Bourse	78
Hôtel de Lesseps, avenue Montaigne	80
Mazas	81

	Pages.
Hôtel Freycinet, rue de la Faisanderie.............	97
Statue de Danton...................	115
Les cinq pierres de la place de la Roquette..........	141
Les Tuileries en 1839.................	157
L'ancien cimetière, dit de Clamart...........	167
La colonne de Juillet.................	169
La place de la Concorde...............	171
Bureaux de *la Libre parole*, 14, boulevard Montmartre.	181
L'Hôtel de l'Infantado et la maison des Rothschild, à Francfort.	190
Les Grands Cercles de la place de la Concorde........	191
Marie-Antoinette sur la charrette (croquis de David)...	205
Fourrières.....................	226
Château de Vizille (propriété de la famille Casimir-Perier)..	233
Bruxelles : Sainte-Gudule.................	249
Id. L'Hôtel de Ville..............	251
Id. Les Maisons des Corporations...........	253
Id. Voiture de laitière traînée par des chiens.....	258
Les obsèques de Burdeau, président de l'Assemblée nationale.	260
Bruxelles : La colonne du Congrès...........	262
id. La fontaine du Manneken-Pis...........	273
id. Église Notre-Dame-de-Bon-Secours........	277
Restaurant Durand, place de la Madeleine........	282
Hôtel du comte Dillon, à Neuilly............	284
Tombe du général Boulanger, au cimetière d'Ixelles....	285
Waterloo : La Pyramide du Lion.............	290
Ferme de Belle-Alliance................	291
Ferme de la Haie-Sainte...............	291
Statue de Wellington en Achille (Hyde-Park, à Londres)...	296
Napoléon (ancienne statue de la colonne Vendôme)......	297
Waterloo : Ferme d'Hougoumont............	301
Le Parc, à Bruxelles.................	309
Bruxelles : L'hôtel Mengelle.............	317
Id. La maison de la rue de Spa, n° 15 (M. E. D.)..	322
Soisy-sous-Étiolles (M. E. D.).............	324
La gare du Nord...................	328
Le passage Landrieu (M. E. D.)............	329

PARIS. — IMP. E. FLAMMARION, RUE RACINE, 26.

Extrait du Catalogue de la Librairie
E. FLAMMARION, Éditeur, rue Racine, 26
PARIS

AUTEURS CÉLÈBRES
A 60 CENTIMES LE VOLUME

La collection des *Auteurs célèbres* à **60** centimes le volume a été créée en 1887. Son but est de mettre entre toutes les mains de bonnes éditions des meilleurs écrivains modernes et contemporains. Avec des caractères très lisibles, sous un format commode et digne de tenir une belle place dans toute bibliothèque, il paraît chaque semaine un volume qui constitue toujours un tout complet. Depuis la fondation de cette publication, plus de **cinq millions d'exemplaires** ont été répandus dans l'univers. Elle a exercé une influence incontestablement heureuse sur la diffusion du goût de la lecture dans toutes les classes de la société, en même temps qu'elle a propagé à l'étranger l'usage et l'action de la langue française. C'est là un beau résultat.

Voici la nomenclature complète des ouvrages composant à ce jour la collection des *Auteurs célèbres*, à laquelle collaborent toutes nos célébrités.

AICARD (JEAN)............ Le Pavé d'Amour.
ALARCON (A. DE)........ Un Tricorne. (Trad. de l'espagnol).
ALEXIS (PAUL)............ Les Femmes du père Lefèvre.
ARCIS (CH. D')............ La Correctionnelle pour rire.
—   La Justice de paix amusante.
ARÈNE (PAUL)............. Le Canot des six Capitaines.
—   Nouveaux Contes de Noël.
AUBANEL (HENRY)........ Historiettes.
AUBERT (CH.)............. La Belle Luciole.
—   La Marieuse.
AURIOL (GEORGES)....... Contez-nous ça!
BEAUTIVET................. La Maîtresse de Mazarin.

BELOT (ADOLPHE).......	Deux Femmes.
—	Hélène et Mathilde.
—	Le Pigeon.
—	Le Parricide.
—	Dacolard et Lubin.
BELOT (A.) ET DAUDET (E.).	La Vénus de Gordes.
BELOT (A.) ET DAUTIN (J.).	Le Secret terrible.
BERTHET (ÉLIE)..........	Le Mûrier blanc.
BERTOL-GRAIVIL..........	Dans un Joli Monde ⎰ Les Deux
—	Venge ou Meurs ⎱ Criminels)
BIART (LUCIEN)..........	Benito Vasquez.
BLASCO (EUSEBIO)......	Une Femme compromise. (Trad. de l'espagnol.)
BOCCACE...............	Contes.
BONNET (ED.)...........	La Revanche d'Orgon.
BONNETAIN (PAUL).......	Au Large.
—	Marsouins et Mathurins.
BONSERGENT (A.)........	Monsieur Thérèse.
BOSQUET (E.)...........	Le Roman des Ouvrières.
BOUSSENARD (L.)........	Aux Antipodes.
—	10,000 ans dans un bloc de glace.
—	Chasseurs canadiens.
BOUVIER (ALEXIS).......	Colette.
—	Le Mariage d'un Forçat.
—	Les Petites Ouvrières.
—	Mademoiselle Beau-Sourire.
—	Les Pauvres.
—	Les Petites Blanchisseuses.
BRÉTIGNY (P.)..........	La Petite Gabi.
CAHU (THÉODORE).......	Le Sénateur Ignace.
—	Le Régiment où l'on s'amuse.
—	Combat d'Amour.
CANIVET (CH.)..........	La Ferme des Gohel.
CASANOVA (J.)..........	Sous les Plombs.
CASSOT (C.)............	La Vierge d'Irlande.
CAZOTTE (J.)...........	Le Diable Amoureux.
CHAMPFLEURY...........	Le Violon de faïence.
CHAMPSAUR (F.).........	Le Cœur.
Chanson de Roland (La).	
CHATEAUBRIAND.........	Atala, René, Dernier Abencérage.
CHAVETTE (EUGÈNE).....	La Belle Alliette.
—	Lilie, Tutue, Bebeth.
—	Le Procès Pictompin.

CHINCHOLLE (CH.)........	Le Vieux Général.
CIM (ALBERT)............	Les Prouesses d'une Fille.
CLADEL (LÉON,...........	Crête-Rouge.
CLARETIE (JULES)........	La Mansarde.
COLOMBIER (MARIE)......	Nathalie.
CONSTANT (BENJAMIN...	Adolphe.
COQUELIN-CADET... ...	Le livre des Convalescents (Ill.).
COURTELINE (G.)...... ..	Le 51ᵉ Chasseurs.
—	Made!¹, Margot et Cⁱᵉ.
—	Les Facéties de Jean de la Butte.
—	Ombres parisiennes.
—	Boubouroche.
COUTURIER (CL.).........	Le Lit de cette personne.
DANRIT (CAPITAINE)......	La Bataille de Neufchâteau.
DANTE..................	L'Enfer.
DAUDET (ALPHONSE)......	La Belle-Nivernaise.
—	Les Débuts d'un Homme de Lettres.
DAUDET (ERNEST)	Le Crime de Jean Malory.
—	Jourdan Coupe-Tête.
—	Le Lendemain du péché.
DELCOURT (P.)..........	Le Secret du Juge d'Instruction.
DELVAU (ALFRED)........	Les Amours buissonnières.
—	Mémoires d'une Honnête Fille.
—	Le grand et le petit Trottoir.
—	A la porte du Paradis.
—	Les Cocottes de mon Grand-Père.
—	Miss Fauvette.
—	Du Pont des Arts au Pont de Kehl.
DESBEAUX (E.)..........	La Petite Mendiante.
DESLYS (CH.).......	L'Abîme.
	Les Buttes Chaumont.
—	L'Aveugle de Bagnolet.
DICKENS (CH.)....	Un Ménage de la Mer.
—	La Terre de Tom Tiddler.
—	La Maison hantée.
DIGUET (CH.............	Moi et l'Autre. (Ouvr. couronné.)
DHORMOYS (P.)..........	Sous les Tropiques.
DOSTOIEWSKY............	Ame d'Enfant.
DRUMONT (EDOUARD)	Le Dernier des Trémolin.
DUBUT DE LAFOREST ...	Belle-Maman.
DU CAMP (MAXIME)......	Mémoires d'un Suicidé.
DUMAS (ALEXANDRE,.	La Marquise de Brinvilliers.
—	Les Massacres du Midi.

DUMAS (ALEXANDRE)	Les Borgia.
—	Marie Stuart.
DURIEU (L.)	Ces bons petits collèges.
DUVAL (G.)	Le Tonnelier.
ENNE (F.) ET DELISLE (F.)	La Comtesse Dynamite.
ESCOFFIER	Troppmann.
EXCOFFON (A.)	Le Courrier de Lyon.
FLAMMARION (CAMILLE)	Lumen.
—	Rêves étoilés.
—	Voyages en Ballon.
—	L'Éruption du Krakatoa.
—	Copernic et le système du monde.
—	Clairs de Lune.
FIGUIER (M⁰⁰ LOUIS)	Le Gardian de la Camargue.
—	Les Fiancés de la Gardiole.
GAUTIER (THEOPHILE)	Jettatura.
—	Avatar. — Fortunio.
GAUTIER (M⁰⁰ JUDITH)	Les Cruautés de l'Amour.
GINISTY (P.)	La Seconde Nuit. (Roman bouff. Préf. par A. Silvestre.)
GŒTHE	Werther.
GOGOL (NICOLAS)	Les Veillées de l'Ukraine.
—	Tarass Boulba.
GOLDSMITH	Le Vicaire de Vakefield.
GOZLAN (LEON)	Le Capitaine Maubert.
GRETSON (E.)	Juffer Dzadje et Juffer Doortje.
GROS (JULES)	Un Volcan dans les Glaces.
—	L'Homme fossile.
GUÉRIN-GINISTY	La Fange.
—	Les Rastaquouères.
GUILLEMOT (G.)	Maman Chautard.
GUYOT (YVES)	Un Fou.
HAILLY (G. D')	Fleur de Pommier.
—	Le Prix d'un Sourire.
HALT (M⁰⁰ ROBERT-)	Hist. d'un Petit Homme. (Ouvrage couronné.)
—	La Petite Lazare.
—	Brave Garçon.
HAMILTON	Mémoires du Chev. de Grammont.
HEPP (A.)	L'Amie de Madame Alice.
HOFFMANN	Contes fantastiques.
HOUSSAYE (ARSENE)	Lucia.
—	Madame Trois-Étoiles.

HOUSSAYE (ARSENE)......	Les Larmes de Jeanne.
—	La Confession de Caroline.
—	Julia.
HUCHER (I.)..............	La Belle Madame Pajol.
HUGO (VICTOR)	La Légende du Beau Pécopin et de la Belle Bauldour.
JACOLLIOT (L.)..........	Voyage aux Pays Mystérieux.
—	Le Crime du Moulin d'Usor.
—	Vengeance de Forçats.
—	Les Chasseurs d'Esclaves.
—	Voyage sur les rives du Niger.
—	Voyage au pays des Singes.
JANIN (JULES)............	Contes.
—	Nouvelles.
—	L'Ane mort.
JOGAND (MARIUS)........	L'Enfant de la Folle.
LA FAYETTE (Mᵐᵉ DE).....	La Princesse de Clèves.
LANO (PIERRE DE).......	Jules Fabien.
LAUNAY (A. DE).........	Mademoiselle Mignon.
LAURENT (ALBERT)......	La Bande Michelou.
LE ROUX (HUGUES)	L'Attentat Sloughine.
LEROY (CHARLES)........	Les Tribulations d'un Futur.
—	Le Capitaine Lorgnegrut.
—	Un Gendre à l'Essai.
LESSEPS (FERDINAND DE).	Les Origines du Canal de Suez.
LHEUREUX (P.)..........	P'tit Chéri. (Histoire parisienne.)
—	Le Mari de Mˡˡᵉ Gendrin.
LOCKROY (EDOUARD)....	L'Ile révoltée.
LONGUEVILLE:..........	L'Art de tirer les Cartes.
LONGUS...............	Daphnis et Chloé.
MAEL (PIERRE)...........	Pilleur d'Epaves. (Mœurs maritimes.)
—	Le Torpilleur 29.
—	La Bruyère d'Yvonne.
MAISTRE (X. DE)	Voyage autour de ma Chambre.
MAIZEROY (RENÉ).......	Souvenirs d'un Officier.
—	Vavaknoff.
—	Souvenirs d'un Saint-Cyrien.
—	La Dernière Croisade.
MALOT (HECTOR)........	Séduction.
—	Les Amours de Jacques.
—	Vices français.
—	Madame Obernin.
MARGUERITTE (PAUL)....	La Confession posthume.

MARTEL (T.)	La Main aux Dames.
—	La Parpaillotte.
MARY (JULES)	Un coup de Revolver.
—	Un Mariage de confiance.
—	Le Boucher de Meudon.
MAUPASSANT (GUY DE)	L'Héritage.
—	Histoire d'une Fille de Ferme.
MENDÈS (CATULLE)	Le Roman Rouge.
—	Monstres parisiens. (Nouv. série.)
—	Pour lire au Bain.
—	Le Cruel Berceau.
—	Pour lire au Couvent.
—	Pierre le Véridique, roman.
—	Jeunes Filles.
—	Jupe Courte.
—	Isoline.
—	L'Art d'Aimer.
—	L'Enfant amoureux.
MÉROUVEL (CH.)	Caprice des Dames.
MÉTÉNIER (OSCAR)	La Chair.
—	La Grâce.
—	Myrrha-Maria.
MEUNIER (V.)	L'Esprit et le Cœur des Bêtes.
MICHELET (Mme)	Quand j'étais Petite (Mémoires d'une Enfant.)
MIE D'AGHONNE	L'Ecluse des Cadavres.
—	L'Enfant du Fossé.
—	Les Aventurières.
MOLÈNES (E. DE)	Pâlotte.
MONSELET (CHARLES)	Les Ruines de Paris.
MONTEIL (E.)	Jean des Galères.
MONTAGNE (ED.)	La Bohème camelotte.
MONTIFAUD (M. DE)	Héloïse et Abélard.
MOULIN (M.) ET LEMONNIER (P.)	Aventures de Mathurins.
MOULIN (M.)	Nella.
—	Le Curé Comballuzier.
MULLEM (L.)	Contes d'Amérique.
MURGER (HENRI)	Le Roman du Capucin.
NAPOLÉON Ier	Allocutions et Proclamations militaires.
NERVAL (GÉRARD DE)	Les Filles du Feu.
NEWSKY (P.)	Le Fauteuil fatal. (Trad. du russe)
NOIR (LOUIS)	L'Auberge maudite.

NOIR (LOUIS)	La Vénus cuivrée.
—	Un Tueur de Lions.
NOIROT (E.). A Travers le	Fouta-Diallon et le Bambouc.
PAZ (MAXIME)	Trahie.
PELLICO (SILVIO)	Mes Prisons.
PERRET (P.)	La Fin d'un Viveur.
PETREBRUNE (G. DE)	Jean Bernard.
PIGAULT-LEBRUN	Monsieur Botte.
POE (EDGAR)	Contes extraordinaires.
PONT-JEST (R. DE)	Divorcée.
POUCHKINE	Doubrovsky. (Trad. du russe.)
POTHEY (A.)	La Fève de Saint-Ignace.
PRADELS (OCTAVE)	Les Amours de Bidoche.
PRÉVOST (L'ABBÉ)	Manon Lescaut.
REIBRACH (J.)	La Femme à Pouillot.
RENARD (JULES)	Le Coureur de Filles.
RÉVILLON (TONY)	Le Faubourg Saint-Antoine.
—	Noémi. La Bataille de la Bourse.
—	L'Exilé.
—	Les Dames de Neufve-Eglise.
RICHEPIN (JEAN)	Quatre petits Romans.
—	Les Morts bizarres.
ROCHEFORT (HENRI)	L'Aurore boréale.
ROUSSEIL (Mlle)	La Fille d'un Proscrit.
RUDE (MAXIME)	Une Victime de Couvent.
—	Le Roman d'une Dame d'honneur.
—	Les Princes tragiques.
SANDEAU (JULES)	Madeleine.
SAINT-PIERRE (B. DE)	Paul et Virginie.
SARCEY (FRANCISQUE)	Le Siège de Paris.
SAUNIERE (PAUL)	Vif-Argent.
SCHOLL (AURÉLIEN)	Peines de cœur.
SÉVIGNÉ (Mme DE)	Lettres choisies.
SIEBECKER (E.)	Le Baiser d'Odile.
SILVESTRE (ARMAND)	Histoires joyeuses.
—	Histoires folâtres.
—	Malma.
—	Rose de Mai.
—	Histoires gaies.
—	Les Cas difficiles.
SIRVEN (ALFRED)	La Linda.
—	Étiennette.
SOUDAN (JEAN)	Histoires américaines. (Illustrées.)

SOULIÉ (FRÉDÉRIC)	Le Lion amoureux.
SPOLL (E.-A.)	Le Secret des Villiers.
STAPLEAUX (L.)	Le Château de la Rage.
STERNE	Voyage sentimental.
SWIFT	Voyages de Gulliver.
TALMEYR (MAURICE)	Le Grison.
THEURIET (ANDRÉ)	Le Mariage de Gérard.
—	Lucile Désenclos. — Une Ondine.
—	Contes tendres.
TOLSTOI (COMTE LÉON)	Le Roman du Mariage.
—	La Sonate à Kreutzer.
—	Maître et Serviteur.
TOUDOUZE (G.)	Les Cauchemars.
TOURGUENEFF (I.)	Devant la Guillotine.
—	Récits d'un Chasseur.
—	Premier Amour.
UZANNE (OCTAVE)	La Bohème du cœur.
VALLERY-RADOT	Journal d'un Volontaire d'un an.
	(Ouvrage couronné.)
VAST-RICOUARD	La Sirène.
—	Madame Lavernou.
—	Le Chef de Gare.
VAUTIER (CL.)	Femme et Prêtre.
VEBER (PIERRE)	L'Innocente du Logis.
VIALON (P.)	L'Homme au Chien muet.
VIGNON (CLAUDE)	Vertige.
VILLIERS DE L'ISLE-ADAM	Le Secret de l'Échafaud.
VOLTAIRE	Zadig. — Candide. — Micromégas.
XANROF	Juju.
YVELING RAMBAUD	Sur le tard.
ZACCONE (PIERRE)	Seuls!
ZOLA (ÉMILE)	Thérèse Raquin.
—	Jacques Damour.
—	Jean Gourdon.
—	Sidoine et Médéric.
—	Nantas.
—	La Fête à Coqueville.
—	Madeleine Férat.

(Envoi franco contre mandat ou timbres-poste français.)

ÉMILE COLIN — IMPRIMERIE DE LAGNY

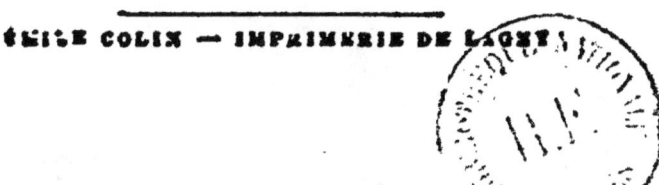

DERNIÈRES PUBLICATIONS

Collection in-18 à 3 fr. 50 le volume

AICARD (JEAN). — Diamant noir. Roman . . . . 1 vol.
— L'Ibis bleu. Roman. . . . . 1 vol.
— Fleur d'abîme. Roman. . . . . 1 vol.
— Don Juan ou la Comédie du siècle. . . . .
ALBALAT (A.). — Le Mal d'écrire et le Roman contemporain. 1 vol.
ARÈNE (PAUL). — Domnine. Roman. . . . . 1 vol.
— Le Midi Bouge. . . . . 1 vol.
BERTIN (G.). — Madame de Lamballe. . . . . 1 vol.
BOUSSENARD et MALIN. — Orphelin. . . . . 1 vol.
CATERS (L. DE). — De Baisers en Baisers. Roman. . . . . . . 1 vol.
— Confession d'une Femme du Monde. Roman. . . . . 1 vol.
COURET (ÉMILE). — Histoire complète de la prison politique de
  Sainte-Pélagie, depuis sa fondation jusqu'à nos jours . . 1 vol.
DAUDET (ALPHONSE). — Rose et Ninette. Mœurs du jour. — Fron-
  tispice de Marold. . . . . 1 vol.
— L'Obstacle. — Collection Guillaume, illustrée. . . . . 1 vol.
— La Menteuse. Illustrations de Myrbach. . . . . 1 vol.
DANRIT (CAPITAINE). — La Guerre de demain. Ill. de P. de Semant. 6 vol.
  (Guerre de Forteresse, 2 vol.; En Rase Campagne, 2 vol.; En Ballon, 2 vol.)
DEMESSE (HENRI). — Petite Fifi . . . . 1 vol.
— La Petite Orpheline. . . . . 1 vol.
— L'Oncle Josef. . . . . 1 vol.
— Le Vicomte de Cerny. . . . . 1 vol.
DRUMONT (ÉDOUARD). — Mon Vieux Paris. Illustr. de G. Coindre. 1 vol.
DUBOIS (FÉLIX). — Le Péril Anarchiste. 70 illustrations. . . 1 vol.
DUVAL (GEORGES). — Napoléon Iᵉʳ . . . . 1 vol.
— Napoléon III. Enfance. Jeunesse . . . . 1 vol.
FLAMMARION (CAMILLE). — La Fin du Monde. Illustré. . . . 1 vol.
GÉRARD (Dʳ). — Le Médecin de Madame. Roman professionnel. 1 vol.
GINA SAXEBEY. — Autour d'une dot. Roman. . . . . 1 vol.
HOUSSAYE (ARSÈNE). — Notre-Dame de Thermidor. . . . . . 1 vol.
HUCHER (FRÉDÉRICK). — Chérubin. . . . . 1 vol.
JUNG (EUGÈNE). — Mademoiselle Moustique. Mœurs tonkinoises.
  Illustré. . . . . 1 vol.
KISTEMAECKERS FILS (HENRY). — Par les Femmes. Roman parisien. 1 vol.
— L'Amour à nu. . . . . 1 vol.
LAFARGUE (FERNAND). Une Seconde Femme. . . . . 1 vol.
LAMBERT (ALBERT). — Sur les Planches. Études de mise en scène. 1 vol.
MAËL (PIERRE). Amour d'Orient. . . . . 1 vol.
MALOT (HECTOR). — En Famille. Ouvrage couronné par l'Académie
  française. Illustré. . . . . 2 vol.
— Amours de Jeune. . . . . 1 vol.
— Amours de Vieux. . . . . 1 vol.
MARTINEAU (A.). — Madagascar . . . . 1 vol.
PUIBARAUD (LOUIS). — Les Malfaiteurs de profession. Illustr.
  de L. Gras. . . . . 1 vol.
RENARD (JULES). — Poil de Carotte. . . . . 1 vol.
SALES (PIERRE). — Les Madeleines. Roman. . . . . 1 vol.
— La Fée du Guildo. . . . . 1 vol.
— La Malouine. . . . . 1 vol.
VIERGE (PIERRE). Ame chimérique. . . . . 1 vol.
XANROF. — Lettres ouvertes . . . . 1 vol.
YANN NIBOR. — Nos Matelots. Préface de J. Claretie. Nombreuses
  illustrations . . . . 1 vol.
— Chansons et Récits de Mer. Illustrés. Préface de Pierre Loti.
  Couronné par l'Académie française. . . . . 1 vol.

www.ingramcontent.com/pod-product-compliance
Lightning Source LLC
Chambersburg PA
CBHW050249170426
43202CB00011B/1618